V&R

Heinz-Dieter Basler

Chronische Kopf- und Rückenschmerzen

Psychologisches Trainingsprogramm

Unter Mitarbeit von Birgit Beisenherz-Hahn, Astrid Frank,
Martin Gessler, Gert Kaluza und Christiane Zimmer

TRAINERHANDBUCH

Mit 44 Abbildungen und einer Tabelle

Vandenhoeck & Ruprecht
in Göttingen

Die Deutsche Bibliothek – CIP-Einheitsaufnahme

Chronische Kopf- und Rückenschmerzen [Medienkombination] :
psychologisches Trainingsprogramm / Heinz-Dieter Basler.
Unter Mitarb. von Beisenherz-Hahn, Birgit . . . .
Göttingen: Vandenhoeck & Ruprecht

Trainerhandbuch. – 2001
ISBN 3-525-45883-5

Satz: Fotosatz 29b, Göttingen
Schrift: Utopia und Avenir
Druck und Bindung: Hubert & Co., Göttingen

Inhalt

Vorbemerkungen

»Chronische Kopf- und Rückenschmerzen« ist ein Trainingsprogramm für Patienten mit chronischen Schmerzen, das in der Regel von Diplompsychologen, unter Umständen auch von psychologisch entsprechend vorgebildeten Angehörigen anderer Heilberufe, durchgeführt wird. Als Trainingsprogramm strebt es durch sachliche Information und praktische Übung eine verbesserte Bewältigung chronischer Schmerzen an.

Das Programm ist für eine Behandlung in Patientengruppen entwickelt worden. Es ist mit Abwandlungen jedoch auch für die Einzelbehandlung anzuwenden. Die Patientengruppe sollte maximal zehn, auf keinen Fall aber mehr als zwölf Personen umfassen. Um die Kommunikation und Interaktion der Gruppenmitglieder zu fördern, erweist sich eine Gruppengröße von sechs bis acht Personen als günstig.

Die hier vorliegenden Form stellt eine Weiterentwicklung vorheriger Programmversionen dar und berücksichtigt insbesondere die Bedürfnisse, wie sie uns aus Schmerzambulanzen und Schwerpunktpraxen für Schmerztherapie zurückgemeldet wurden. Es ist spezifisch auf die Behandlung von Patienten mit Kopf- und Rückenschmerzen in einem multidisziplinären Team ausgerichtet. Eine wesentliche Veränderung gegenüber vorhergehenden Fassungen besteht in einer stärkeren inhaltlichen Straffung, wodurch eine Verkürzung von vorher zwölf auf sieben Sitzungen möglich wurde. Es ist bewußt als Trainingsprogramm konzipiert worden, da es der Anleitung der Patienten zur Selbsthilfe dient und hierdurch die ärztliche Therapie durch Förderung der Eigenaktivität unterstützt.

Das Programm wurde in seiner Entwicklung durch mehrere kontrollierte prospektive Studien evaluiert, wobei durchgehend nachgewiesen werden konnte, daß bei Einsatz des Programms zusätzlich zur konservativen ärztlichen Behandlung auch zusätzliche Effekte erzielt werden konnten. Diese Effekte beziehen sich neben einer zusätzlichen Verringerung der Schmerzaktivität vor allem auf eine verbesserte Bewältigung der Schmerzen und eine geringere subjektiv erlebte Behinderung durch den Schmerz. Die Patienten werden aktiver, können ihr Leben trotz verbleibender Schmerzen besser genießen, haben mehr Freude an ihren Alltagsaktivitäten und schauen hoffnungsvoller in die Zukunft. Das vorher häufig berichtete Gefühl von Hilflosigkeit und Hoffnungslosigkeit wird abgelöst durch die Überzeugung, selbst etwas zur Kontrolle des Schmerzes beitragen und das Leben wieder stärker selbst gestalten zu können. Eine Liste der Literatur zur Evaluation des Programms wird von den Autoren auf Anfrage zugeschickt.

Obwohl das Programm speziell für den Einsatz in Schmerzambulanzen und Schwerpunktpraxen für Schmerztherapie entwickelt wurde, kann es auch in anderem organisatorischen Kontext (z.B. in der Praxis des niedergelassenen Arztes oder Psychologen) eingesetzt werden. Wir halten in der Therapie des chronischen Schmerzes eine interdisziplinäre Kooperation für unabdingbar. Eine psychologische

Therapie sollte entsprechend des bio-psycho-sozialen Modells des chronischen Schmerzes stets in Kooperation mit ärztlichen Schmerztherapeuten stattfinden und eine medizinische Untersuchung des Schmerzkranken voraussetzen.

Zum Schluß soll noch etwas über die Grenzen des Programms gesagt werden: Es ist nicht darauf ausgerichtet, emotionale Störungen, wie etwa Depressionen, Angstneurosen oder Beziehungsstörungen, die mit der Schmerzproblematik in Zusammenhang stehen oder auch unabhängig von dieser bestehen, zu behandeln. Hier ist im Einzelfall die Indikation für eine psychotherapeutische Behandlung zu prüfen.

Zur Arbeit mit dem Programm

Nachfolgend finden Sie im ersten Teil zunächst eine Einführung in die psychologischen Konzepte, die der Erstellung des Programms zugrunde liegen, die Zielgruppe wird näher beschrieben und die einzelnen Programmbausteine werden erläutert. Zum Schluß der Einführung werden Tips für die Arbeit mit Patientengruppen gegeben. Im zweiten Teil finden Sie für jede der sieben Sitzungen detaillierte Handlungsanleitungen. Ihre Arbeit als Gruppenleiter wird erleichtert durch eine Foliensammlung, die dazu dient, die Inhalte des Trainings zu visualisieren. Denken Sie also rechtzeitig daran, sich für die Sitzungen einen Overhead-Projektor zu besorgen.

Für die Patienten gibt es zusätzlich Arbeitsmaterialien, die in einem Patientenhandbuch zusammengefaßt sind. Mit Hilfe dieser Materialien können die Patienten den während der Gruppensitzung angebotenen Stoff zu Hause nacharbeiten. Das hat sich insbesondere für schwerhörige und ältere Patienten als sehr sinnvoll erwiesen. Diese Materialien dienen darüber hinaus der Veranschaulichung der Lehrinhalte sowie der Selbstbeobachtung der Patienten, wobei auf Protokollbögen zurückgegriffen werden kann. Zu den Materialien gehört ebenfalls eine Entspannungs-CD, deren Einsatz die häuslichen Übungen der Patienten unterstützt. Patienten, die aufgrund einer Hörbehinderung Schwierigkeiten haben, den Text zu verstehen, haben die Möglichkeit, ihn ebenfalls in den Materialien nachzulesen.

Solche Materialien, die von den Patienten auszufüllen sind, liegen zusätzlich zu dem Abdruck im Patientenhandbuch als Kopiervorlagen in den »Materialien zum Trainerhandbuch« vor. Hierdurch wird es möglich, ein größeres Blattformat zu wählen, das gerade älteren Patienten das Ausfüllen erleichtert. Es ist jeweils im Manual angegeben, wann der Gruppenleiter auf die zu kopierenden Anleitungen zurückgreifen soll.

Wir wünschen Ihnen und Ihren Patienten viel Erfolg mit dem Programm und würden uns über eine Rückmeldung freuen.

Für die Autoren:
Prof. Dr. phil. Dr. med. habil. H.-D. Basler

Teil 1

Einführung in das Trainingsprogramm

1 Patienten mit chronischen Schmerzen

Die Behandlung chronischer Schmerzen war bislang fast ausschließlich Domäne einer organisch zentrierten Medizin, die Schmerz primär als Funktion von Gewebeschäden auffaßte. Eine solche Auffassung mag den akuten Schmerz hinreichend erklären, sie wird allerdings dem chronischen Schmerz nicht gerecht.

Akute Schmerzen weisen auf drohende oder bereits eingetretene Gewebsschädigungen hin; sie sind in der Regel auf den Ort der Schädigung begrenzt. Dieser Ort ist im Regelfall einzugrenzen und gibt in Verbindung mit der Schmerzqualität Hinweise auf die zugrundeliegende Schmerzursache. Akute Schmerzen lösen ähnlich einer Streßsituation typische vegetative Begleiterscheinungen aus: Herzfrequenz und Blutdruck sind erhöht, Atmung vertieft, die Pupillen erweitern sich, und der Muskeltonus nimmt zu; der Hautwiderstand nimmt aufgrund der Aktivität der Schweißdrüsen ab. Der in der Regel kausal therapierbare Schmerz dauert Tage, im Höchstfall bis zu einer Woche. Die Behandlung der zugrundeliegenden Erkrankung beseitigt in der Regel auch die Schmerzen. Dagegen ist chronischer Schmerz nicht nur Begleitsymptom einer Erkrankung, sondern entwickelt sich häufig zu einer eigenständigen Krankheit.

Steht beim akuten Schmerz weniger die Behandlung des Symptoms als die Beseitigung seiner Ursache im Vordergrund, so müssen sich die therapeutischen Bemühungen bei chronischen Schmerzzuständen auf die Beseitigung oder Linderung der Schmerzen konzentrieren, da die eigentliche Schmerzursache häufig nicht oder nicht mehr therapeutisch zu beeinflussen ist. Lang anhaltende oder Dauerschmerzen (z. B. Rückenschmerzen) oder immer wiederkehrende Schmerzen (z. B. Migräne oder Spannungskopfschmerzen) werden als chronische Schmerzen bezeichnet, wenn sie länger als ein halbes Jahr bestehen. Die für akute Schmerzen berichteten vegetativen Begleiterscheinungen verlieren an Bedeutung; statt dessen werden andere vegetative Symptome beobachtbar, etwa Schlafstörungen, Appetitmangel, Abnahme oder Verlust sexueller Bedürfnisse und allgemeine Reizbarkeit. Viele Patienten verlieren das Interesse an Dingen ihrer Umgebung. Als Folge ihrer immer stärker werdenden Beschäftigung mit ihren Körpersymptomen ziehen sie sich zurück und verlieren dadurch Kontakt zu Bekannten und Freunden. Als fakultative Folgeerscheinungen chronischer somatogener Schmerzen zeigen sich mißmutig-traurige Verstimmung, affektive Labilität, erhöhte Reizbarkeit und Einengung von Interessen und Erlebnisfähigkeit – bis hin zu einem Dauerzustand von Apathie und Resignation.

Bekannt ist, daß sich Intensität des Schmerzerlebnisses und Ausmaß der depressiven Verstimmung wechselseitig bedingen und verstärken. Der Patient gerät in einen Teufelskreis, in dem die psychische Situation die Schmerzen verstärkt und die

Schmerzen auf die psychische Situation zurückwirken. Dieser Prozeß kann sich verselbständigen: Bei chronischen Schmerzen kommt es häufig zu einer deutlichen Loslösung des Schmerzerlebnisses von der den Schmerz bedingenden körperlichen Störung, so daß für die betroffenen Menschen die Schmerzen zur eigentlichen Ursache ihrer Beeinträchtigung werden. Diese Patienten leiden in mehrfacher Hinsicht:

1. durch die persistierenden Schmerzen selbst mit ihren psychischen und sozialen Konsequenzen,
2. durch den steten Wechsel von Hoffnung auf neue, bessere, erfolgversprechendere Therapien und der bitteren Enttäuschung über deren Fehlschlag sowie
3. an der zunehmenden Hilflosigkeit und Passivität als Folge ihrer Enttäuschung über bisherige ärztliche Maßnahmen.

Schließlich kann auch ein Leiden als Folge bisheriger medizinischer Behandlungsmaßnahmen entstehen. Als Beispiele hierfür sind die Entwicklungen weiterer sekundärer Schmerzsyndrome, wie Kopfschmerzen und Störungen der Magen-Darm-Funktion, durch kontinuierliche Medikamenten-Einnahme anzuführen. Diese verstärken einerseits die Tendenz zu neuerlicher Therapie, andererseits aber auch die Hilflosigkeit der Patienten.

Für die psychologische Behandlung werden folgende Ziele gesetzt:

1. Patienten mit chronischen Schmerzzuständen soll dabei geholfen werden, durch frühzeitige Stützung ein Abgleiten in Zustände von Hilflosigkeit, Hoffnungslosigkeit und Resignation zu vermeiden.
2. Falls solche Zustände bereits zu beobachten sind, sollen die Patienten durch eine zuwendungsintensive Behandlung emotional gestützt und zu einer aktiven Krankheitsbewältigung herausgefordert werden.
3. Patienten sollen Verfahren der aktiven Schmerzkontrolle erlernen und hierdurch ihren Schmerz reduzieren.
4. Patienten sollen lernen, sich vom Schmerz zu distanzieren und anderen Dingen als dem Schmerz erneut Raum in ihrem Erleben zu geben. Hierzu gehört die Steigerung der Genußfähigkeit und der Lebensfreude trotz vorhandener Schmerzen.

2 Psychologische Hilfe bei chronischen Schmerzen – eine Einführung

In den letzten Jahren haben psychologische Ansätze in der Behandlung chronischer Schmerzen zunehmende Beachtung gefunden. Insbesondere im Kontext der Verhaltensmedizin, deren Ziel die Anwendung verhaltenspsychologischer Methoden auf therapeutische Probleme in der Medizin ist, sind eine Reihe unterschiedlicher Behandlungsverfahren entwickelt und erprobt worden.

Gemeinsam ist diesen Ansätzen eine veränderte Sichtweise des Schmerzphänomens. Galt der Schmerz im traditionellen Verständnis als direkter Ausdruck einer organischen Schädigung, dessen Intensität dem Grad der Schädigung proportional ist, so wird jetzt der Schmerz als psycho-physisches Gesamtereignis aufgefaßt, an dessen Entstehung und Aufrechterhaltung neben körperlichen auch verhaltensmäßige, kognitive und affektive Komponenten beteiligt sind.

Durch neurophysiologische Modelle, auf die später kurz eingegangen werden soll, wurde die Annahme unterstützt, daß zentrale Repräsentationen kognitiver und emotionaler Zustände über absteigende Bahnen die spinale Verarbeitung von Schmerzinformationen und damit auch das Schmerzempfinden beeinflussen können. Von historischer Bedeutung ist in diesem Zusammenhang die Gate-Control-Theorie des Schmerzes, der das Verdienst zukommt, die prinzipielle Möglichkeit einer psychologischen Schmerzbeeinflussung begründet und die Entwicklung psychologischer Behandlungsverfahren entscheidend angeregt zu haben.

Im folgenden werden die wichtigsten psychologischen Behandlungsverfahren bei chronischen Schmerzzuständen in einer kurzen Übersicht dargestellt. Auf die von uns im Rahmen des Trainingsprogramms verwendeten Techniken wird in einem nachfolgenden Kapitel ausführlich eingegangen.

2.1 Entspannungsverfahren

Psychologische Entspannungsmethoden wie das Autogene Training nach Schultz und die progressive Muskelrelaxation nach Jacobson verfolgen das generelle Ziel, das physiologische Erregungsniveau des Patienten zu dämpfen. Durch ein systematisches Training soll der Patient lernen, autonome Prozesse im Sinne einer Erregungsdämpfung gezielt zu beeinflussen.

Auf der physiologischen Seite ist der Entspannungszustand gekennzeichnet durch eine Reduktion des Tonus der Skelettmuskulatur, durch eine periphere Gefäßerweiterung, eine Verlangsamung und Gleichmäßigkeit der Atmung, eine Senkung der Herzfrequenz, eine Zunahme des Hautwiderstands und Veränderungen der Hirnstromaktivität, insbesondere eine Senkung der Alpha-Wellen-Frequenz. Zusammenfassend läßt sich sagen, daß bei allen Entspannungsverfahren ein vegetativer Umschaltungsprozeß von einer ergotropen auf eine trophotrope Reaktionslage erfolgt.

Auf der psychologischen Seite ist Entspannung verbunden mit dem Erlebnis von zunehmender Ruhe und Gelassenheit sowie einer Verringerung der Ängstlichkeit und Depression.

Schmerzen – darauf wurde bereits hingewiesen – gehen einher mit einer Erhöhung sympathischer Aktivität und führen zu einer ängstlich-gespannten Erwartungshaltung und häufig zu einer depressiven Verstimmung. Dies kann zu einem Circulus vitiosus von Schmerz, Spannung und erneutem Schmerz führen, wodurch einer Chronifizierung der Schmerzen Vorschub geleistet wird.

Die verschiedenen Entspannungsmethoden setzen hier mit dem Ziel an, einen solchen schmerzverstärkenden Teufelskreis zu durchbrechen. Der Patient soll lernen zu erkennen, welche Situationen Anspannung und Schmerz auslösen, welche körperlichen Veränderungen in diesen Situationen stattfinden und wie er schmerzauslösenden Belastungssituationen durch Entspannung entgegenwirken kann. Ein systematisches Training und kontinuierliche Übung sollen es dem Patienten langfristig ermöglichen, die Entspannung bei akutem Schmerz einzusetzen und dadurch dem Schmerz gewissermaßen die vegetative Grundlage zu entziehen.

Dieser Lernprozeß kann durch den Einsatz von Biofeedback-Verfahren unterstützt werden. Biofeedback wird bevorzugt bei jenen Schmerzzuständen eingesetzt, die funktionell mit einer übermäßigen Verspannung der Muskulatur (Rückenschmerzen, Spannungskopfschmerzen) zusammenhängen, aber etwa auch bei Migräne-Patienten, bei denen mit Hilfe eines Pulsamplituden-Feedbacks die willkürliche Konstriktion der Temporalis-Arterie trainiert wird.

2.2 Operante Behandlungsprogramme

Im Zentrum des operanten Behandlungsansatzes stehen die beobachtbaren Schmerzverhaltensweisen des Patienten (z. B. verbale Schmerzäußerungen wie Stöhnen, Klagen, ins Bett legen, Medikamente einnehmen). Dieser Ansatz geht zurück auf das von Skinner formulierte Prinzip des operanten Konditionierens. Danach hängt die Wahrscheinlichkeit des Auftretens eines bestimmten Verhaltens vom Vorhandensein von Verstärkern (Belohnungen) für dieses Verhalten in der Umgebung ab. Dieses Prinzip wird auf das Verhalten von Patienten mit chronischen Schmerzen übertragen: Ein Patient wird – zumindest kurzfristig – für seine verbalen und nonverbalen Schmerzäußerungen von seiner Umwelt belohnt, etwa durch vermehrte soziale Zuwendung oder dadurch, daß er von Arbeit und Verantwortung entlastet wird. Er lernt, daß er durch sein Schmerzverhalten positive Konsequenzen erzielen kann, wodurch die Wahrscheinlichkeit gesteigert wird, daß die Schmerzäußerungen zunehmen. Dies gilt um so mehr, je weniger andere Verhaltensmöglichkeiten dem Patienten zur Verfügung stehen, um die für ihn wichtige Zuwendung der anderen Personen zu erreichen.

Im Vordergrund operanter Behandlungsprogramme steht somit nicht das subjektive Schmerzerleben des Patienten, sondern sein Schmerzverhalten. Alle verbalen und nonverbalen Schmerzäußerungen des Patienten werden konsequent nicht beachtet und dadurch gelöscht. Gleichzeitig werden alle Ansätze in Richtung auf ein schmerzinkompatibles Verhalten (z. B. körperliche Aktivität, Gymnastik, Förderung von Interessen) systematisch belohnt.

Erfahrungen mit operanten Behandlungsprogrammen liegen vor allem aus Schmerzkliniken vor, da nur in diesem Rahmen eine weitgehende Kontrolle des Verhaltens der Personen, die mit dem Patienten umgehen, möglich erscheint. In ambulant durchgeführten Programmen können diese Erfahrungen berücksichtigt werden, sie können aber nicht zentraler Bestandteil der Therapie sein.

2.3 Der Selbstkontrollansatz

Im Vordergrund dieses Ansatzes stehen die Einstellungen des Patienten zu seinen Schmerzen. Es wird davon ausgegangen, daß Einstellungen der Hilf- und Hoffnungslosigkeit und eine passive Opferhaltung gegenüber den Schmerzen das Schmerzerlebnis verstärken und verhindern, daß der Patient vorhandene Möglichkeiten der Schmerzkontrolle erkennt und aktiv wahrnimmt. Der Patient soll lernen, seine Gedanken und inneren Selbstgespräche in akuten Schmerzsituationen zu kontrollieren und somit zu einer Selbstkontrolle seiner Schmerzen befähigt werden.

Im Lauf der Behandlung erlernt der Patient zu diesem Zweck eine Reihe unterschiedlicher psychologischer Schmerzkontrollstrategien. Neben den bereits beschriebenen Entspannungsverfahren zählen hierzu Strategien der Aufmerksamkeitslenkung und über die Entspannung hinausgehende Techniken der Imagination, wobei fremd- und autosuggestive Elemente zur Vertiefung der Entspannung genutzt werden.

Besondere Aufmerksamkeit wird auch der emotionalen Situation des Patienten gewidmet. Depressive Verstimmungen werden, wie es in dem von uns entwickelten Programm geschieht, durch eine gezielte Förderung der Freude und der Qualität des Lebens zu beeinflussen gesucht. Durch eine gezielte Entwicklung der Genußfähigkeit des Patienten soll eine verstärkte Zuwendung zu den verbliebenen positiven Erlebnismöglichkeiten erfolgen. Von entscheidender Bedeutung dabei ist, daß der Patient sich mehr und mehr selbst durch entsprechende bewältigungsorientierte Selbstinstruktionen zu einem aktiven Umgang mit den Schmerzen anleitet. Er soll den Schmerz letztlich eher als Herausforderung, die es zu meistern gilt, denn als Schicksal, dem er hilflos ausgeliefert ist, begreifen.

Der Selbstkontrollansatz liegt dem von uns entwickelten Trainingsprogramm zugrunde. Was kann der Teilnehmer von einer solchen Behandlung erwarten?

Uns liegen inzwischen die Ergebnisse von Studien vor, in denen wir den Selbstkontrollansatz im Rahmen einer Gruppenbehandlung bei folgenden Schmerzsyndromen erprobten: Patienten mit chronischen Rückenschmerzen und Kopfschmerzen in Schmerzambulanzen und Praxen niedergelassener Schmerztherapeuten, Patienten mit heterogenen Schmerzsyndromen in allgemeinärztlichen Praxen, Patienten mit chronischer Polyarthritis und Patienten mit Morbus Bechterew in Selbsthilfegruppen der Rheumaliga. Insgesamt können wir heute Aussagen über mehr als 1.000 Patienten machen, die an kontrollierten Studien teilnahmen und mit von uns entwickelten Programmen behandelt wurden. Ohne im Detail auf die Ergebnisse der wissenschaftlichen Begleitforschung einzugehen, können wir zusammenfassend die folgenden Effekte feststellen:

1. Die Patienten berichten von einer Schmerzreduktion zwischen 30 und 40 %, wobei deutlich bessere Effekte bei Patienten mit Kopf- und Rückenschmerzen als bei Patienten mit entzündlichen rheumatischen Erkrankungen zu beobachten sind.
2. Depressivität und Ängstlichkeit verringern sich signifikant unabhängig von der Schmerzdiagnose.

3. Die Patienten werden wieder aktiver, entdecken alte, bereits vergessene Interessen wieder oder lernen neue Interessen kennen.
4. Die Patienten verbessern ihre Lebensqualität.
5. Die Patienten distanzieren sich innerlich von ihrem Schmerz.

Auf die letzte Aussage soll näher eingegangen werden, da hierin offensichtlich neben der Schmerzreduktion ein wesentlicher Effekt der von uns entwickelten psychologischen Programme zu sehen ist. Aus den von uns mit den Patienten durchgeführten Abschlußinterviews wird deutlich, daß die Distanzierung primär auf kognitive Veränderungen zurückzuführen ist. Die Patienten sind nicht vom Schmerz befreit worden, aber er ist für sie erträglicher geworden. Viele der Befragten umschreiben das mit den Worten: »Der Schmerz ist noch da, aber er macht mir nicht mehr so viel aus.« Andere Patienten berichten, daß sie »die Schmerzen nicht mehr so wichtig nehmen« oder daß es »noch andere wichtige Dinge außer Schmerzen im Leben gibt« oder daß sie es gelernt haben, »besser mit dem Schmerz zu leben.«

Offensichtlich findet ein Arrangement mit den Schmerzen statt, ein nicht resignatives Akzeptieren. Hierdurch wird der Patient fähig, neben dem Schmerz wieder andere wichtige Dinge seines Lebens aktiv angehen zu können.

3 Physiologische Grundlagen psychologischer Schmerzbehandlung

Bis vor ca. drei Jahrzehnten existierte nur eine sehr einfache Modellvorstellung über eine Punkt-zu-Punkt-Zuordnung von Schmerzreiz und Schmerzwahrnehmung, wie sie von Descartes entwickelt worden war. Erst im Jahre 1965 wurde mit den Publikationen von Melzack und Wall im Rahmen der Gate-Control-Theorie ein komplexeres Modell der Schmerzverarbeitung vorgestellt, in dem auch psychologische Wirkmechanismen berücksichtigt wurden. Dieses Modell erwies sich als sehr fruchtbar innerhalb der vergangenen drei Jahrzehnte der Schmerzforschung, auch wenn es heute bereits als zu stark vereinfachend kritisiert wird. Es soll im folgenden eine kurze Darstellung der physiologischen Prozesse der Schmerzverarbeitung erfolgen, wobei wir die Zielsetzung verfolgen, Ansatzpunkte psychologischer Verfahren darzustellen (Zimmermann 1999). Die Schmerzleitbahnen sind in Abbildung 1 dargestellt.

Von den Nozizeptoren in der Haut, den Eingeweiden, den Muskeln, den Sehnen und den Gelenken ziehen A-Delta- und C-Fasern über die Hinterwurzeln in den Rückenmarkskanal und werden dort auf nozizeptive Neuronen des Hinterhorns geschaltet. Dort liegen die multirezeptiven Neurone des Typs Class 2 neben den Class 3-Neuronen, welche nur von nozizeptiven Afferenzen erregt werden. Diese multirezeptiven Neurone haben folgende Verschaltungen:

Eingänge (Afferenzen): Nozizeptoren, Mechanozeptoren (Tastsinn) und absteigende Bahnen vom Gehirn.

Ausgänge (Efferenzen): motorische Efferenzen, sympathische Efferenzen und aufsteigende Bahnen im Vorderseitenstrang.

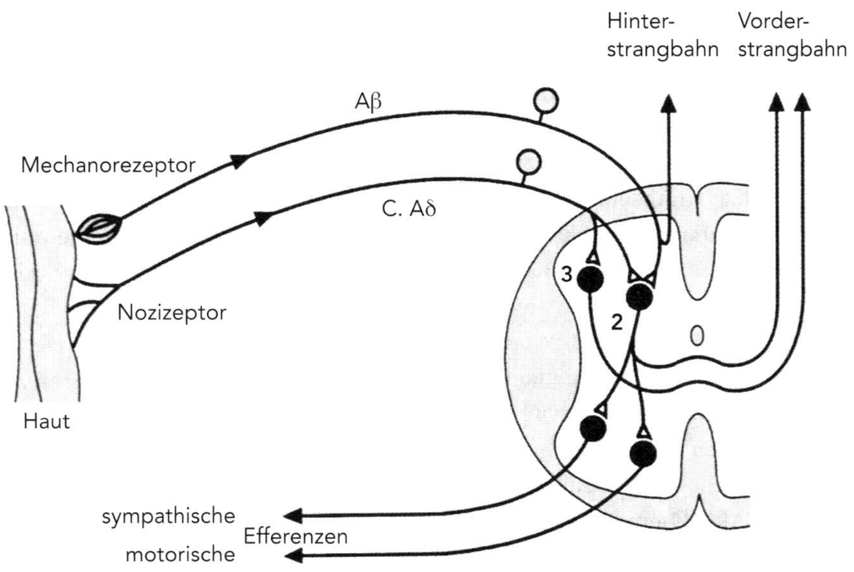

Abb. 1: Mechanorezeptoren und Nozizeptoren konvergieren über Nervenfasern auf gleiche Hinterhornneurone im Rückenmark, bevor sie zum Gehirn weitergeleitet werden. Von den »Class 2«-Neuronen ziehen efferente Bahnen wieder zu den motorischen und sympathischen Efferenzen (aus: Zimmermann 1999, S. 81).

Welche Schlußfolgerungen lassen sich hieraus ziehen?

- Die Tatsache, daß nozizeptive und mechanische Afferenzen auf ein Neuron konvergieren, führt zu einer Vermischung beider Leitungssysteme – oder anders ausgedrückt: Schmerzimpulse sind bereits an dieser Stelle nicht ausschließlich auf den Schmerzreiz bezogen, sondern sie werden von mechanischen Sensibilitäten der Haut und Muskulatur moduliert. Auf diesen Einflußmöglichkeiten beruhen auch die Wirkmechanismen der transkutanen Nervenstimulation (TENS), der Massage und der Akupunktur.
- Experimentelle Belege zur hemmenden Wirkung der absteigenden Bahnen weisen auf den Einfluß zentraler Erregungen auf die Schmerzleitung im Rückenmark hin. So ist es durch elektrische Reizung von Arealen des Hirnstamms (Periquäduktales Grau und Nucleus raphe magnus) möglich, die Schmerzwahrnehmung auszuschalten oder zu modulieren.

Die efferenten Verbindungen sind ebenfalls für die Weiterverarbeitung der Schmerzimpulse bedeutsam: Klinische Beobachtungen und neuere physiologische Untersuchungen belegen, daß über die Verschaltungen im Hinterhornneuron motorische und sympathische Rückkoppelungsmechanismen bestehen, die Schmerzen aufrechterhalten und verstärken können. Klinische Belege hierfür sind, daß mittels Sympathikus- oder Muskelblockaden solche Rückkoppelungskreise oft dauerhaft unterbrochen werden können. Ebenso lassen sich über Feedback-Schleifen die alten klinischen Beobachtungen vom Zusammenhang von Schmerzen und Muskelverspannungen, gerade bei Rückenschmerzen, Kopfschmerzen und Bauchschmerzen, erklären. Für die sympathische Beteiligung sprechen die vielen beobachtbaren vegetativen Veränderungen der Durchblutung und der Haut: Wärme, Kälte, Hautrötung, Übersensibilität der Haut (Headsche Zonen usw.). Auf die motorischen und sympathischen Rückkoppelungskreisläufe soll nun näher eingegangen werden.

Motorik und Schmerzen

In Abbildung 2 sind schematisch die wichtigsten Einflüsse der Nozizeptoren auf die spinale Motorik wiedergegeben: Hautafferenzen, Nozizeptoren der inneren Organe, Muskeln, Sehnen der Gelenke sowie bahnende Einflüsse vom Gehirn können zu einem erhöhten Muskeltonus führen. Über einen erhöhten Muskeltonus können wiederum die Nozizeptoren in den Muskeln, den Sehnen, den Gelenken und den inneren Organen erregt werden.

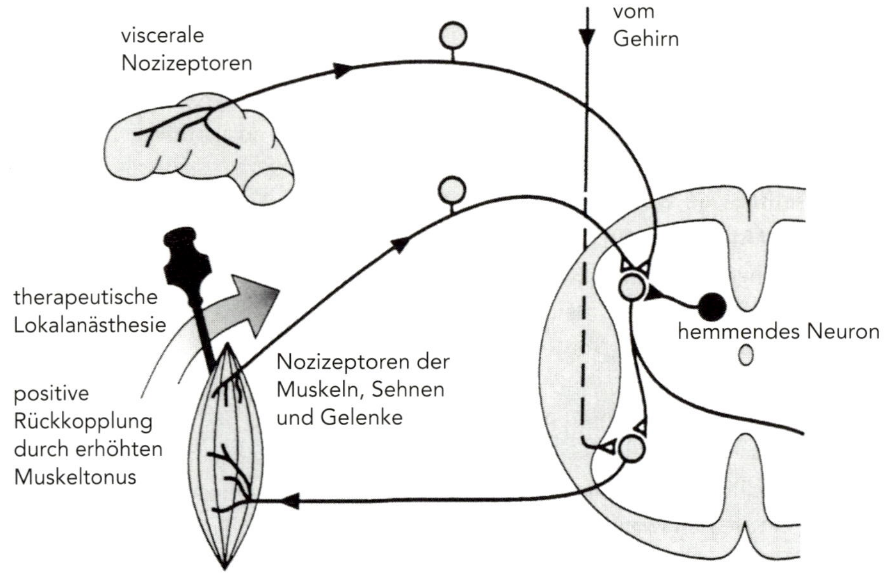

Abb. 2: Schematische Darstellung von Chronifizierung der Schmerzen durch Muskelverspannung. Erregung der Nozizeptoren in den Muskeln, Gelenken und Sehnen führen zu einer verstärkten Muskelanspannung, die wiederum die Nozizeptoren erregt (aus: Zimmermann 1999, S. 92).

Sympathikus und Schmerzen

In Abbildung 3 sind schematisch die wichtigsten Zusammenhänge zwischen dem nozizeptiven und dem sympathischen System wiedergegeben. Auch hier zeigt sich, daß die Erregung der Nozizeptoren sympathische Efferenzen aktiviert, die über noch ungeklärte chemische Rückwirkungen oder über Tonusveränderungen der glatten Muskeln zu einem selbstverstärkenden Rückkoppelungsmechanismus und somit zur Verstärkung der Schmerzen führen können. So kann beim klinischen Bild der sympathischen Reflexalgodystrophie eine (manchmal mehrfach) durchgeführte Lokalanästhesie des Sympathikus zu andauernder Schmerzfreiheit führen. Hier wird mit der lokalen Blockade der sympathischen Aktivität ein sich selbst unterhaltender, schmerzhafter Regelkreis unterbrochen. Typische Krankheitsbilder, bei denen solche Mechanismen eine Rolle spielen, sind Kausalgien, akuter Herpes zoster und das seltene Quadrantensyndrom.

Ebenso ist eine Unterbrechung dieses Selbstregulationskreises durch eine Aktivierung hemmender Mechanismen im Zentralnervensystem möglich. So ist zum Beispiel durch elektrische Stimulierung des Periaquäduktalen Grau (PAG) in der Formatio reticularis über absteigende Bahnen die Schmerzleitung auf der Rückenmarksebene beeinflußbar (vgl. Abb. 4).

Wir können hier also festhalten, daß es schon auf Rückenmarksebene zur Modulation der Schmerzsignale durch Tastempfindungen und durch zentrale Mechanismen kommt. Zusätzlich existieren auf dieser Ebene zwei gesicherte pathophysiologische Reflexkreise, die zu einer Verstärkung und Selbstunterhaltung des Schmerzes führen können.

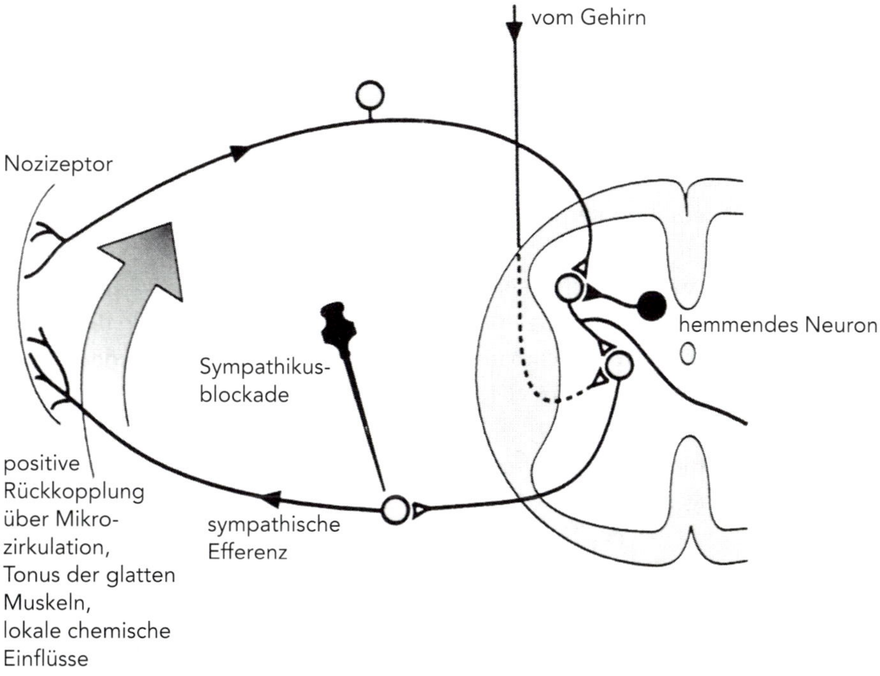

Abb. 3: Sympathische Reflexbögen, die zu einer Selbstaufschaukelung der Schmerzen führen (aus: Zimmermann 1999, S. 90).

Zentrale Mechanismen der Schmerzverarbeitung

Von den Hinterhornneuronen ziehen die nozizeptiven Nervenfasern im Vorderseitenstrang durch das Rückenmark. Ein Teil dieser Fasern (Tractus spino-reticularis) endet im Hirnstamm. Hier bestehen Verbindungen zum aufsteigenden reticulären aktivierenden System (ARAS), welches die Aufmerksamkeit und Wachheit sowie die Aktivität des Atmungs- und Kreislaufsystems beeinflußt (siehe Abb. 4).

Ein Teil der aufsteigenden Schmerzbahnen (Tractus spino-thalamicus) endet in den Kernen des Thalamus. Auch wenn die genauen Mechanismen noch nicht bekannt sind, wird doch angenommen, daß von hier aus Verbindungen zum limbischen System, dem Hypothalamus und der Hypophyse bestehen. Man kann annehmen, daß im limbischen System eine affektive Bewertung der Schmerzinformationen vorgenommen und über die Hypophyse-Hypothalamus-Achse die Streßreaktion des Körpers aktiviert wird, wobei eine Freisetzung der Endorphine stattfindet. Erst dann projizieren die Schmerzbahnen auf verschiedene Teile des Cortex und führen so zu einer bewußten Schmerzwahrnehmung.

Aus dem bisher Gesagten wird deutlich, daß über den Schmerzreiz muskuläre Verspannungen, körperliche Streßreaktionen und unangenehme Emotionen ausgelöst werden. Diese Reaktionen können durch eine Rückkoppelung wieder zu stärkeren Schmerzen führen. Andere Sinnesmodalitäten, vor allem mechanische und viszerale Informationen, modulieren die Schmerzwahrnehmung.

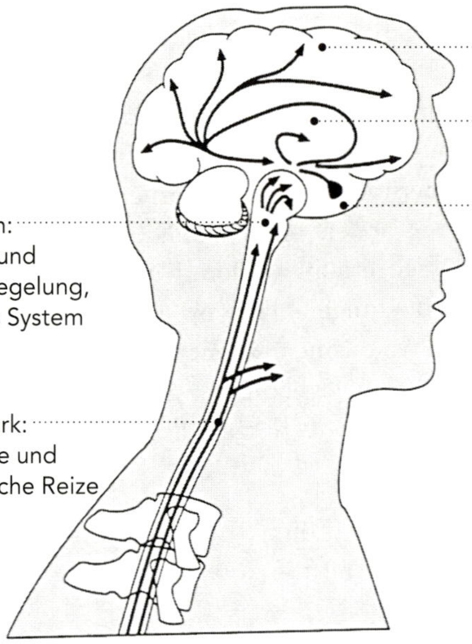

Abb. 4: Beteiligung verschiedener Bereiche des Zentralnervensystems bei der Verarbeitung von Schmerzinformationen (aus: Zimmermann 1999, S. 77).

Untersuchungen belegen, daß bei Patienten mit Rückenschmerzen Feedback-Mechanismen für die Aufrechterhaltung von Schmerzen von Bedeutung sind. Sie reagieren stärker und langanhaltender als andere Personen mit Verspannungen ihrer Rückenmuskulatur auf Streßsituationen, was ihre Schmerzanfälligkeit verstärkt (vgl. Abb. 5). Für Spannungskopfschmerzen gibt es ebenfalls experimentelle Belege für diese Reaktion unter Belastungen. Die experimentellen Befunde zum Thema streßbedingte muskuläre Verspannungen und Rückenschmerzen sind allerdings nicht einheitlich.

Der Kreisprozeß von Streß, Schmerz und Verspannung könnte so aussehen: Verletzungen, Kältereize oder durch psychische Belastungen bedingte starke Muskelverspannungen führen zu Schmerzen in der Muskulatur. Rein reflektorisch wird hierdurch die Muskelverspannung erhöht (Hartspann). Schlechtere Durchblutung und geringere Sauerstoffversorgung (Ischämie) sind die Folgen und können die Schmerzen wiederum verstärken. Körperlicher und seelischer Streß als Folge der Schmerzen erhöhen die Anfälligkeit für den Schmerz. Streßbelastung, vor allem langfristige, erhöht wiederum die Schmerzen über zentrale und sympathische

Rückkoppelungen. Es wird plausibel, daß über die beschriebenen Rückkoppelungsmechanismen Schmerzen persistieren können, obgleich die ursprüngliche traumatische Schädigung geringfügig ist oder nicht mehr vorliegt. Zusätzlich zu den hier bereits dargestellten Abläufen gibt es hormonelle, auch durch Streß auslösbare Reaktionen des Körpers, die durch Freisetzung von Serotonin, Noradrenalin und Endorphinen Einfluß auf die Schmerzverarbeitung nehmen. Dies führt oft zu einer kurzfristigen Reduktion der Schmerzen (Streßanalgesie, vgl. Tewes u. Schedlowski 1999 in Basler et al. 1999).

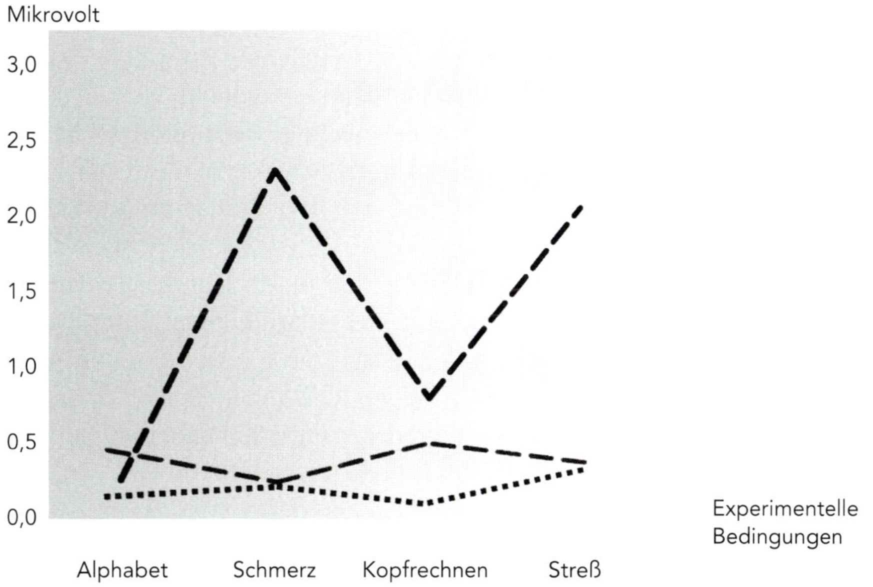

Abb. 5: Veränderung des Rücken-EMGs links während der experimentellen Bedingungen bei den drei Experimentalgruppen (RSG = Rückenschmerz-Gruppe; ASG = Allgemeine Schmerzgruppe; KG = Kontrollgruppe) (aus: Flor et al. 1987: Ein Diathese-Streß-Modell chronischer Rückenschmerzen. In: Gerber, W. D.; Miltner, W.; Mayer, K. (Hg.): Verhaltensmedizin: Ergebnisse und Perspektiven interdisziplinärer Forschung. Weinheim).

Bewußtseinsprozesse und Aufmerksamkeit

Auch Prozesse der Aufmerksamkeit beeinflussen die Schmerzwahrnehmung, wenngleich physiologische Erklärungsmodelle hierfür noch unzureichend sind. Zur labormäßigen Untersuchung dieser Einflüsse auf akute Schmerzen wird häufig der Eiswassertest verwendet. Die Versuchsperson hält eine Hand in einen Behälter mit Eiswasser, bis die Schmerzen unerträglich sind. Hierbei ist die Verweildauer der Hand im Eiswasser ein guter Indikator für das Schmerzerleben. Den meisten Personen gelingt es nur ca. 2 Minuten, die Hand im Eiswasser zu belassen. Zeigt man den Personen dabei allerdings Dias, werden sie von den Schmerzen abgelenkt und können die Hand meist doppelt so lange in das Eiswasser tauchen wie Personen, die nicht von ihren Schmerzen abgelenkt wurden. Dies wurde in vielen experimentellen Studien belegt und gilt nicht nur für die Ablenkung durch äußere Reize (z. B. Dias), sondern auch für die Ablenkung durch Vorstellungsbilder und Imaginationen.

Ähnliche Erfahrungen werden von fast allen Schmerzpatienten berichtet: So können Arbeit, Fernsehen, Lesen, Musik hören, Spazierengehen, sich mit anderen unterhalten und so weiter zu einer Ablenkung während der Schmerzzustände führen. Bei leichteren Schmerzen ist es wahrscheinlich jeder Person möglich, die Aufmerksamkeit so zu lenken, daß Schmerzen in den Hintergrund treten. Bis auf wenige Ausnahmen gelingt dies den Patienten aber nicht bei sehr starken Schmerzen.

Aus psychologischen Untersuchungen wissen wir, daß unsere Aufmerksamkeit immer sehr selektiv arbeitet: Wenn sie auf bestimmte Geschehnisse gerichtet ist, verschwinden andere Bereiche aus dem Bewußtsein. Dieses Phänomen kennt jeder, der sich mit einer lauten Geräuschkulisse im Hintergrund auf eine geistige Leistung konzentrieren mußte. Auch wenn anfänglich die Konzentration schwierig ist, kann mit zunehmendem Interesse an der Tätigkeit das zunächst störende Geräusch ganz in den Hintergrund treten und schließlich »überhört« werden.

Prozesse der Aufmerksamkeitslenkung stellen wichtige Kontrollmöglichkeiten des Schmerzerlebens dar. Eine Konzentration auf die Schmerzen hingegen, etwa des Nachts im Bett, verstärkt die Schmerzen und macht bereits geringere Schmerzen unerträglich.

Schmerzbewältigungsstrategien, die auf dem hier beschriebenen Prinzip der Bewußtseinslenkung beruhen, werden perfekt von Fakiren, Feuerläufern und Yogis beherrscht, die sich extremen Schmerzreizen aussetzen können, ohne sie bewußt zu erleben. Physiologische Untersuchungen zeigen, daß solche Personen in der Lage sind, kortikal einen mittels EEG meßbaren Hirnzustand herzustellen, den man als partiellen Hirnschlaf bezeichnen kann. Er ist gekennzeichnet durch

- deutlichen Anstieg der Tetawellen im EEG in den parietalen Zonen,
- starke Erhöhung der Katecholamine im Blut,
- stark erhöhten Blutdruck,
- zentrale und periphere Schmerzblockade.

Diese Zustände können durch intensive Kontrolle der selektiven Aufmerksamkeitslenkung erreicht werden, die zu einem tranceartigen Bewußtseinszustand führen. Solche auch »Dissoziation« genannten Bewußtseinsphänomene können auch während eines Orgasmus beobachtet werden. Aus den hier dargestellten Zusammenhängen lassen sich Verfahren begründen, mit denen der Patient lernen kann, seine Schmerzen besser zu bewältigen.

Zusammenfassend haben wir in Abbildung 6 noch einmal die Faktoren dargestellt, die die Schmerzwahrnehmung beeinflussen. Eine nozizeptive Reizung wird von vielen körperlichen und psychischen Prozessen moduliert, bevor es zur Schmerzwahrnehmung kommt. Psychologische Behandlungsverfahren greifen auf verschiedene Ebenen der Schmerzverarbeitung an und beeinflussen somit das subjektive Erleben des Schmerzes.

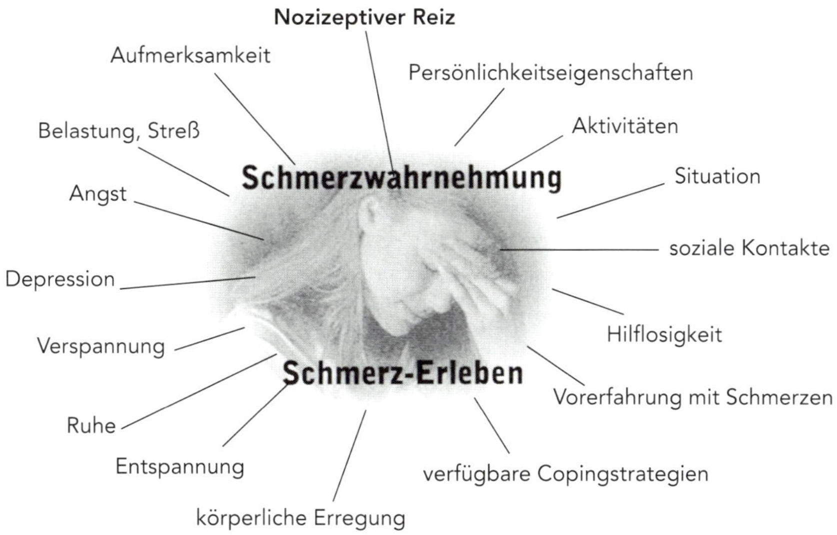

Abb. 6: Aufzählung somatischer und psychischer Faktoren, die Einfluß auf das Schmerzgeschehen haben. Hierbei wurden die Interaktionen und Rückkoppelungen vernachlässigt.

4 Eingrenzung der Zielgruppe des Psychologischen Trainingsprogramms

Schmerz ist der häufigste Anlaß für Beratungen durch den Arzt. Eine repräsentative Umfrage in den USA ergab, daß jeder Erwachsene im Durchschnitt an 23 Tagen im Jahr durch Schmerzen beeinträchtigt ist. Hierbei stellen die Rückenschmerzen (Platz 1) neben den Gelenkschmerzen (Platz 2) und den Kopfschmerzen (Platz 3) die hauptsächlichen Schmerzursachen dar. Es wird davon ausgegangen, daß je nach Schmerzkriterium die Hälfte bis zwei Drittel aller Personen in Industriestaaten gelegentlich Schmerzen haben, die zu Arbeitsausfällen führen. Chronische Schmerzzustände, die mit Arbeitsunfähigkeit verbunden sind, kommen bei 5 – 10 % der Bevölkerung vor. In der Bundesrepublik wird von ca. 4 Millionen chronischen Schmerzpatienten ausgegangen. Neben den direkten Krankheitskosten sind die durch den Arbeitsausfall entstehenden Kosten enorm hoch: So kehren nur ca. 50 % der Patienten mit länger als einem halben Jahr anhaltenden Rückenschmerzen in den Arbeitsprozeß zurück. Neben den am häufigsten berichteten Beeinträchtigungen durch Rückenschmerzen, Gelenkschmerzen und Kopfschmerzen treten andere chronische Schmerzerkrankungen zahlenmäßig zurück, auch wenn sie für die Betroffenen möglicherweise mit noch stärkeren Belastungen verbunden sind. Zum Beispiel sollen zwischen 55 % und 85 % der Krebskranken in einem fortgeschrittenen Tumorstadium an Schmerzen leiden, die einer Behandlung bedürfen. Auch Schmerzerkrankungen wie die postherpetischen und diabetischen Neuropathien, das Sudeck-Syndrom oder der Phantom-Schmerz treten – was das Aufkommen in der allgemeinärztlichen Praxis betrifft – deutlich hinter den zuerst genannten Schmerzerkrankungen zurück.

Wir haben uns in unserem Trainingsprogramm auf die häufigsten in der allgemeinärztlichen Praxis vorkommenden Schmerzsyndrome konzentriert und ein Programm vor allem für die nachfolgend genannten Patientengruppen entwickelt:

Patienten mit Rückenschmerzen (Zervikalsyndrom, Thorakalsyndrom, Lumbalsyndrom) und Patienten mit Spannungskopfschmerz. Ein wesentlicher Programmbaustein besteht darin, den Teilnehmern den Zusammenhang von Muskelverspannung, Schmerz und Befinden zu verdeutlichen. Deswegen sollten vorwiegend solche Patienten in das Programm aufgenommen werden, deren Schmerzen in einem Zusammenhang mit bei ihnen vorliegenden Muskelverspannungen zu sehen sind.

Nach unseren Erfahrungen ist es nicht erforderlich, Schmerzpatienten, die in der Gruppe behandelt werden, hinsichtlich ihrer Schmerzsymptomatik unterschiedlichen Behandlungsgruppen zuzuordnen. Auch gemischte Patientengruppen, also Gruppen, in denen Teilnehmer mit unterschiedlichen Schmerzsyndromen gemeinsam behandelt werden, können erfolgreich durchgeführt werden.

5 Beschreibung des Psychologischen Trainingsprogramms

Das Psychologische Trainingsprogramm besteht aus den folgenden Bausteinen:

- Förderung der Entspannung,
- Rückenschule,
- Förderung der Lebensqualität,
- Aufmerksamkeitslenkung und positive Imagination,
- Aufbau schmerzbezogener Kontrollüberzeugungen,
- Patienteninformationen,
- dem Gruppengespräch.

Wie es für Programme zur Förderung von Selbstkontrolle kennzeichnend ist, strebt das Programm eine Hilfe zur Selbsthilfe an. Alle Behandlungsschritte sind darauf ausgerichtet, den Teilnehmern eine zunehmende Selbstkontrolle des Schmerzes zu ermöglichen, wobei als didaktische Grundregel das Prinzip der kleinen Schritte gilt. Jeder Baustein folgt dem didaktischen Dreierschritt von Information, Übung und Transfer in den Alltag. Für jeden Baustein wird den Teilnehmern ein Rational dafür gegeben, wie die jeweilige Technik das Schmerzerleben beeinflussen kann. Im Anschluß daran werden in den Gruppensitzungen praktische Übungen durchgeführt und schließlich mit den Teilnehmern die selbständige Durchführung im Alltag eingehend besprochen. Gerade dieser letzte Aspekt ist aus einer verhaltenstherapeutischen Perspektive für den Erfolg des Trainingsprogramms von entscheidender Bedeutung.

Nicht alle im Rahmen des Kurses gegebenen Anregungen werden für jeden Teilnehmer hilfreich sein. Aktivierung des Teilnehmers bedeutet auch, daß er mit den Anregungen experimentiert, ihre Wirksamkeit erprobt und schließlich die Verfahren auswählt, die für ihn persönlich die stärkste Hilfestellung bedeuten. Die auf diese

Weise neu erlernten Erlebens- und Verhaltensweisen sollen auch nach Beendigung des Trainingsprogramms bewußt zur Schmerzkontrolle eingesetzt werden.

Das Programm ist insgesamt auf 7 Gruppensitzungen von jeweils 120 Minuten Dauer zugeschnitten. Die Sitzungen finden in einem Gruppenraum statt. Für jede Sitzung bestehen detaillierte inhaltliche und zeitliche Vorgaben, die sich in einer vorhergehenden Erprobung bewährt haben. Trotz dieser Strukturierung ist die Kreativität des Gruppenleiters in mehrfacher Hinsicht gefordert:

- Der Gruppenleiter muß Gruppen- und Interaktionsprozesse steuern.
- Er muß sich auf die aktuelle persönliche Bedürfnislage der Teilnehmer einstellen und darf niemals das Programm gegen die aktuelle Bedürfnislage der Teilnehmer durchdrücken.
- Er muß über Techniken der Gesprächsführung und der Informationsvermittlung verfügen.

5.1 Förderung von Entspannung

In Schmerzbehandlungsprogrammen werden Entspannungstechniken nicht nur eingesetzt, um muskuläre Anspannung zu reduzieren und das allgemeine physiologische Erregungsniveau zu senken, sondern mit deren Einsatz werden auch kognitive Effekte angestrebt. Viele Schmerzpatienten sorgen sich um ihren Gesundheitszustand und konzentrieren sich ausschließlich auf ihre Schmerzsymptome. Bei einer so stark konzentrierten Aufmerksamkeit auf den Schmerz können Schmerzsignale, und seien sie auch noch so schwach, bereits Anlaß zu Befürchtungen und sich selbst erfüllenden Prophezeiungen geben. Die Überzeugung, gegen aufkommenden Schmerz über das Entspannungsverfahren ein wirksames Mittel in die Hand bekommen zu haben, kann der Verstärkung des Schmerzes entgegentreten und auf diese Weise Schmerzattacken ihre Bedrohlichkeit nehmen.

Darüber hinaus berichten die meisten Schmerzpatienten über Probleme mit dem Einschlafen und dem Durchschlafen. Gerade wenn der Patient schlaflos im Bett liegt, konzentriert sich seine Aufmerksamkeit ganz auf das Schmerzerleben. Der Schmerz verhindert das Einschlafen, das ruhelose Wachliegen verstärkt den Schmerz. Entspannung allein oder aber mit anderen, später beschriebenen Methoden kombiniert kann die Aufmerksamkeit vom Schmerz ablenken, auf diese Weise die Schmerzwahrnehmung beeinflussen und auch den Schlaf fördern.

Somit stellt die Fähigkeit, sich körperlich zu entspannen und gedanklich abzuschalten, eine grundlegende Bewältigungsmöglichkeit des Schmerzes dar. Regelmäßig ausgeführte Entspannung führt nicht nur zu einem Abbau physiologischer Erregung und in der Folge zu einer Linderung funktioneller Beschwerden, sondern ist darüber hinaus auch verbunden mit dem Gefühl zunehmender psychischer Gelöstheit, dem Erlebnis von Ruhe und Gelassenheit sowie dem Gefühl der Erholung und der geistigen Frische.

Beschreibung der Methode

Innerhalb unseres Programms verwenden wir die progressive Muskelentspannung nach Jacobson, ein aktives Verfahren zur Entspannung über die Tonuskontrolle der quergestreiften Muskulatur. Der Terminus »progressiv« ist dabei unter drei Aspekten zu betrachten:

- Eine Gruppe von Muskeln wird während der Entspannungsübung von Augenblick zu Augenblick stärker entspannt.
- Sukzessiv werden immer mehr Hauptgruppen der Skelettmuskulatur entspannt, das heißt zu den bereits vorher entspannten kommt jeweils eine neue hinzu, so daß die Entspannung immer umfassender wird.
- Die Entspannung dehnt sich unter der täglichen Übung über die Muskulatur auch auf Kognitionen und Gefühle aus und führt zunehmend zu einem angenehmen psychischen Zustand.

Jacobson ging davon aus, daß sich jede psychische Erregung und Spannung in einer Zunahme des Muskeltonus wiederfindet. So war es für ihn naheliegend, über eine systematische Kontrolle des Muskeltonus psychische Erregungen zu verringern. Die Grundübung besteht in einem nach einer Instruktion vorgenommenen Wechsel von Anspannung und Entspannung der Muskelpartien der Extremitäten, des Gesichts, des Nackens und der Schultern, des Rückens, des Bauchs und der Brust. Die Konzentration ist jeweils auf die unterschiedlichen Empfindungen gerichtet, die bei der willentlichen Anspannung und anschließenden Lockerung der Muskeln auftreten. Dadurch wird die Aufmerksamkeit auf subjektive Anzeichen von Anspannung und Entspannung gerichtet. Das ist für eine möglichst frühzeitige Wahrnehmung körperlicher Anspannung bei aufkommenden Schmerzen wichtig.

Im weiteren Verlauf (4. Sitzung) wird die Übung verkürzt und gleichzeitig wird ein Ruhewort eingeführt, das die Teilnehmer beim Loslassen der Anspannung innerlich mitsprechen sollen. Dieses für jeden Teilnehmer individuell zu findende Ruhewort fördert die Konzentration auf den Entspannungsvorgang und soll die gezielte Anwendung der Entspannung über Konditionierungsprozesse auch in Schmerzsituationen erleichtern.

Zur kurzfristigen zwischenzeitlichen Entspannung in verschiedenen Alltagssituationen wird in der 6. Sitzung die sogenannte Ampelübung eingeführt. Sie hat ihren Namen durch folgende beispielhafte Situation bekommen: Der Gruppenteilnehmer ist in Eile mit dem Auto unterwegs. Er bemerkt, wie sich mit zunehmender Anspannung seine Schmerzen immer mehr in sein Bewußtsein drängen. Die Ampel springt auf Rot. Anstatt nun ungeduldig mit dem Gaspedal zu spielen oder sich auszumalen, wann er wegen seiner zunehmenden Schmerzen möglicherweise gar nicht mehr Auto fahren kann, wird die erzwungene Pause für eine »Ampelübung zur Entspannung« genutzt. Es werden dabei nun nicht mehr einzelne Muskelpartien angesprochen, sondern gleich der ganze Körper.

In dieser Sitzung werden die Teilnehmer gebeten, sich rote Klebepunkte zu besorgen (z. B. in einem Schreibwarengeschäft), die sie an verschiedenen Stellen im Haus, im Arbeitsraum oder im Auto anbringen, wobei solche Stellen bevorzugt werden sollten, die aufgrund der vorhergehenden Selbstbeobachtung zu einem Anstieg von

Muskelspannung und Schmerzempfinden Anlaß gaben. Diese Punkte sollen daran erinnern, sich aktiv zu entspannen und hierdurch möglicherweise neuen Schmerzattacken oder einer Verschlimmerung vorhandener Schmerzen vorzubeugen.

Häusliche Übung

Die Teilnehmer werden nur dann von der Entspannungsmethode ausreichend profitieren, wenn sie regelmäßig zu Hause Entspannung einüben. Die unbedingte Notwendigkeit täglicher häuslicher Übungen ist den Teilnehmern mit Nachdruck zu verdeutlichen. Sie benötigen dazu täglich mindestens einmal 20 Minuten (Langform) oder 10 Minuten (Kurzform) Zeit in einem möglichst störungsfreien Raum. Weder das Klingeln des Telefons noch andere Personen noch unangenehme Geräusche sollten die Konzentration stören können. Ideal sind ein leicht abgedunkelter Raum und eine sitzende oder liegende Position, die die Entspannung fördert.

Um das Einüben der Entspannung zu Hause zu erleichtern, sollen die Teilnehmer eine CD mit dem Entspannungstext verwenden, die auch Bestandteil des für den Patienten erforderlichen Trainingsmaterials ist. Im Verlauf des Kurses sollte allerdings darauf geachtet werden, daß die Teilnehmer sich auch unabhängig von der CD entspannen können, da sonst eine Übertragbarkeit auf andere Situationen, in denen Schmerzen auftreten und die CD nicht verfügbar ist, kaum möglich erscheint.

Hinweise zur Durchführung der Entspannungsübungen

Es ist nicht notwendig, daß der Kursleiter den Entspannungstext auswendig vorsprechen kann, allerdings wird er sich mit steigender eigener Übung immer mehr vom schriftlichen Text lösen können. Er sollte vor Beginn der ersten Übung das Grundprinzip des Trainings verdeutlichen, nämlich

- Muskeln anspannen,
- Spannung kurz anhalten (ohne den Atem anzuhalten),
- ausatmen und entspannen.

Dabei ist darauf zu achten, daß die Anspannung nur so weit durchgeführt wird, daß es für den Teilnehmer zu einer deutlich wahrnehmbaren Tonussteigerung der Muskulatur kommt. Eine Verkrampfung der Muskulatur oder eine Anspannung bis an die Schmerzgrenze ist in jedem Fall zu vermeiden. Teilnehmer, die bereits bei einer geringen Anspannung einer Muskelgruppe Schmerzen empfinden, sollten ganz auf die Anspannung dieser Muskelgruppe verzichten und sich anschließend auf die Entspannung konzentrieren.

Einige Teilnehmer werden während der Durchführung der Übung mit zunehmender Entspannung ihre bereits vorhandenen Schmerzen stärker wahrnehmen. Dies birgt die Gefahr, daß die Patienten die Motivation zur Durchführung der Übung verlieren oder sich sogar weigern, die Übung weiter fortzuführen. Diesen Teilnehmern sollte erklärt werden, daß unter der Entspannung alle Körperprozesse, auch solche, die zu Mißempfindungen führen, stärker bewußt werden. Sie sollen dennoch ermuntert werden, die Übung fortzuführen, wobei ihnen nahegelegt werden sollte, sich vor allem auf solche Körperpartien zu konzentrieren, die schmerzfrei sind und in denen sich bereits ein angenehmes Empfinden bemerkbar macht. Die Erfahrung zeigt, daß mit zunehmender Übung das angenehme Körpergefühl auch auf schmerzende Körperpartien ausgedehnt werden kann, wodurch eine Schmerzkontrolle ermöglicht wird. Niemals aber sollte den Teilnehmern als Folge der Übung eine Schmerzfreiheit in Aussicht gestellt werden.

Nach Beendigung einer jeden Übung befragt der Kursleiter in einer Runde *jeden* Teilnehmer einzeln hinsichtlich seiner Empfindungen bei der An- und Entspannung der Muskulatur. Er erkundigt sich nach möglichen Mißempfindungen und erläutert sie als einen Schritt auf dem Weg zur Entspannung. Neben der Wahrnehmung schmerzender Körperpartien berichten andere Teilnehmer möglicherweise auch über weitere Mißempfindungen, so etwa darüber, daß ihr Herz so laut klopfte oder daß ihre Atmung erschwert war. Ihnen wird in gleicher Weise wie bei den Berichten über Schmerzen geantwortet, daß in der Entspannung die Aufmerksamkeit verstärkt auf Körpervorgänge gerichtet wird, so daß auch der zuvor vorhandene Herzschlag oder die zuvor vorhandene erschwerte Atmung deutlicher wahrnehmbar wird. Diese verstärkte Körperwahrnehmung sollte die Teilnehmer nicht ängstigen; sie ist im Gegenteil erwünscht und sollte von ihnen als Schritt auf dem Weg zu einer tiefen Entspannung interpretiert werden. Gerade zu Beginn der Rückmeldung wird es wichtig sein, daß der Kursleiter auf solche Äußerungen eingeht, die auf positive Auswirkungen der Übung hinweisen. Äußerungen über das Erlebnis von Wärme, von Ruhe und Gelöstheit sollten besonders beachtet werden.

Schwierigkeiten bestehen gerade zu Anfang häufig in einer Störung der Konzentration durch abschweifende Gedanken. Hier handelt es sich um ganz normale Anfangsschwierigkeiten, die sich mit zunehmender Übung von selbst verlieren.

5.2 Rückenschule

Fast alle Teilnehmer mit Rücken- und Kopfschmerzen berichten über eine Verspannung der Muskulatur in Rücken, Hals oder Schultern. Eine Ursache dieser Verspannungen sind Fehlhaltungen und Überbelastungen. Daher umfaßt das Trainingsprogramm eine Haltungsschulung, die die Einübung der korrekten Aufrichtung der Wirbelsäule (natürliche Aufrechthaltung) sowie deren schrittweise Umsetzung in Alltagsbewegungen beinhaltet. Die nachfolgenden Darstellung orientiert sich an dem Konzept der natürlichen Aufrechthaltung (Brügger 1980).

Krankengymnastischer Hintergrund

1. Alle an Haltung und Bewegung beteiligten Strukturen sollen entsprechend ihrer Funktion optimal eingesetzt und beansprucht werden.
   Der Bewegungsapparat hat mechanische Arbeit zu verrichten und muß der Schwerkraft, der Beschleunigung und der Verzögerung entgegenwirken. Dabei werden die passiven Strukturen andauernd auf Zug, Druck und Biegung beansprucht. Schon die kleinsten geweblichen Bausteine haben dem Rechnung zu tragen, und so sind die Entwicklungsreize für die einzelnen Strukturen zwar genetisch bedingt, werden aber stark von der Mechanik beeinflußt. Das Fehlen der

entsprechenden Reize führt zu Rückbildung der spezialisierten Gewebe, maximale Beanspruchung andererseits zu pathologischen Veränderungen. Als Beispiel hierfür sei der Wirbelkörper genannt: Der Aufbau der Spongiosa zeigt die gleichmäßige Druckverteilung innerhalb des Wirbelkörpers, der dichte Rand spricht für eine erhöhte Belastung in diesem Bereich. In der »natürlichen Aufrechthaltung« werden das vordere und das hintere Längsband gleichmäßig belastet. Das gleiche gilt für die kleinen Zwischenwirbelgelenke und den Bandscheibenbereich. In der aufrechten Haltung liegt der Nucleus pulposus etwa in der Mitte, auf Druck wird der Faserring gleichmäßig belastet. In der »natürlichen Aufrechthaltung« hat die Wirbelsäule von der Seite gesehen eine leichte Krümmung. In der Lendenwirbelsäule zeigt sich eine Lordose, die bis in den thorakalen Bereich hochgezogen ist. Eine Lordose findet sich ebenfalls in der Halswirbelsäule, und etwa bei Th 5/6 gibt es eine leichte Kyphose.
In dieser »natürlichen Aufrechthaltung« werden nun alle Strukturen im Sinne ihrer Funktion optimal belastet. Diese optimale Belastung der Strukturen finden wir auch beim Bücken mit in sich geradem Rücken bei gleichzeitiger Knie- und Hüftbeugung. Beim Bücken mit gekrümmtem Rücken treten im ventralen Bereich Druckerhöhungen auf, im dorsalen Bereich verringert sich dagegen der Druck auf die Wirbelkörper, und es wirken Zugkräfte auf den Faserring der Bandscheibe. Der Nucleus pulposus wird nach dorsal gedrückt. Diese Belastungsspitzen können zu strukturellen Veränderungen führen.
2. Weiterhin sollen unter funktionellen Gesichtspunkten alle Muskeln im Sinne der Aufrechthaltung eingesetzt werden. Erst in dieser aufrechten Haltung können sie in Muskelketten und Muskelverbänden optimal arbeiten. Ein Beispiel soll dies verdeutlichen:
In der krummen Belastungshaltung wirkt der M. pectoralis major als Adduktor und Innenrotator im Schultergelenk. Er zieht die Schultern in Protraktion. In der »natürlichen Aufrechthaltung« kann der M. pectoralis major für die Thoraxaufrichtung mit eingesetzt werden, wobei Punctum mobilae und Punctum fixum vertauscht werden. Jetzt kann er im Verband mit den Außenrotatoren der Schulter, der Schulterblatt anlegenden Muskeln und mit den Bauchmuskeln der gegenüberliegenden Seite die Aufrichtung des Rumpfes durchführen. Diese Muskelschlinge hat nun ihr punctum fixum an dem geraden Bauchmuskel. Die Muskelkette setzt sich in Becken-, Bein- und Fußmuskulatur fort.

Diese »natürliche Aufrechthaltung« wurde in Anlehnung an das Brügger-Konzept übernommen. Brügger hat sich mit der Erforschung der Funktionskrankheiten beschäftigt und Messungen durchgeführt, um diese optimale Aufrechthaltung zu finden und zu belegen.

Konstruktion der »natürlichen Aufrechthaltung«

Die Wirbelsäule als Mittelpunkt des Rumpfs ist in sich sehr stark beweglich. Ohne die Haltearbeit der Muskulatur könnte sie nicht aufgerichtet bleiben. Wenn die Wirbelsäule ein gerader Stab wäre, der sich auf das Becken stützt und an dem Brustkorb und Kopf befestigt wären, müßten, um die »natürliche Aufrechthaltung« zu bewahren, breitbasig angelegte Zuggurtungen vorhanden sein. Die menschliche Wirbelsäule ist so konstruiert, daß durch weniger Aufwand eine Aufrichtung möglich ist. Es existiert eine Lordose im LWS-Bereich und im HWS-Bereich. Der mittlere Brustwirbelsäulenbereich bei Th 5/6 ist eher kyphosiert. Mit Hilfe der Rückenstrecker können die beiden Wirbelsäulenabschnitte, Lendenwirbelsäule und Halswirbelsäule, lordosiert werden. Im mittleren Brustwirbelsäulenbereich ist auch die Muskulatur des M. erector trunci am schwächsten, und eine Lordose wird hier nicht erreicht. Der Brustkorb kann sich an den unteren lordosierten Abschnitt der Wirbelsäule anlehnen und abstützen. Das passiert mit den unteren Rippen. Der Brustkorb hat nicht nur die Aufgabe, vor mechanischen Einwirkungen von außen zu schützen, sondern er erfüllt auch Stützfunktion – dies allerdings nur in der aufrechten Haltung. In der gebeugten Haltung wirkt das Gewicht des Kopfes und des Schultergürtels mit den Armen belastend. Die kyphotische Brustwirbelsäule wird nicht axial, sondern auf Biegung beansprucht. Das Brustbein, auf das sich die Rippen abstützen, wird mehr auf Druck belastet. In der »natürlichen Aufrechthaltung« wird der obere Teil des Brustkorbs durch verschiedene Muskeln direkt hochgezogen. Der untere Teil des Brustkorbs bildet mit der Lendenwirbelsäule und dem Becken das eigentliche Trägersystem des Brustkastens. Die unteren Rippenbögen erhalten ihre Stabilität durch Anspannung der sie umgebenden intercostalen und abdominalen Muskulatur, die als Zuggurtung den Biegespannungen der Rippen entgegenwirken und den unteren Teil des Thorax stützen. Das heißt, die aktive Lendenwirbelsäulenlordosierung hebt den Brustkorb, die Kyphosierung senkt ihn. Auch die Bauchmuskeln unterstüzen so die Brustkorbaufrichtung. Die Brustwirbelsäule ist dabei abgeflacht und wird annähernd axial belastet, das Brustbein wird vom Druck entlastet.

Nun soll erläutert werden, warum die »natürliche Aufrechthaltung« zunächst im Sitz geübt und dann auf den Stand übertragen wird: Das Becken läßt sich nach ventral kippen und nach dorsal aufrichten. Im Stand verläuft die Drehachse durch die Hüftgelenke, da die Füße festen Kontakt mit der Unterlage haben. Beim Sitzen verlagert sie sich in die Gegend der Berührungspunkte zwischen Becken und Auflagefläche der Sitzbeine. Als Drehkräfte wirken die am Becken ansetzenden Muskeln und das Gewicht des Rumpfs. Da die Lendenwirbelsäule mit dem Kreuzbein verbunden ist, werden die Beckenbewegungen auch auf die Wirbelsäule übertragen, das heißt bei Beckenkippung nach ventral hebt sich der Brustkorb und führt auch weiter zur Streckung der Halswirbelsäule. Bei Beckenaufrichtung nach dorsal führt das zur Kyphosierung der Brustwirbelsäule und zur Hyperlordose der Halswirbelsäule. Durch die Lage des Drehpunktes im Sitz ist eine größere Bewegung möglich, das bedeutet mehr Biegespannung in der Wirbelsäule. Die Beckenstellung steht in engem Zusammenhang mit der jeweiligen Hüftgelenksstellung. Alle Hüft- und Beinmuskeln arbeiten dabei synergistisch oder antagonistisch, um auch den Rumpf über der Beckenstellung auszubalancieren. Im Sitzen würde das Lot bei der »natürlichen Aufrechthaltung« etwas vor den Sitzbeinhöckern liegen, bei einer schlaffen Sitzhaltung im dorsalen Bereich des Kreuzbeins. Im aufgerichteten Stand liegt das Lot eher im Vorfußbereich. Bei einer schlaffen Körperhaltung würde es eher im Fersenbereich liegen. In der »natürlichen Aufrechthaltung« werden die Biegespannungen der Wirbelsäule, die in der kyphotischen Belastungshaltung bestehen, weitgehend aufgehoben. Die Wirbelsäule wird vorwiegend axial belastet, es besteht eine Mindestbelastung im Bandapparat, und ein ökonomischer Krafteinsatz der Muskulatur ist nötig. Zurück zum Sitz: Wenn das Rumpfgewicht genau über den Sitzbeinhöckern liegt, befindet es sich im labilen Gleichgewicht. Dabei ist die Lendenwirbelsäule begradigt. Wird das Becken etwas weiter nach ventral gekippt, wird der ventrale Drehmoment durch Bänder und Muskeln gehemmt. Es kommt jetzt zur lumbalen Lordose und Aufrichten des Brustkorbs. Das Becken befindet sich im stabilen Gleichgewicht.

Die Aufrechthaltung läßt sich an einem Zahnradmodell veranschaulichen: Das Becken mit der Lendenwirbelsäule, der Brustkorb mit Schultergürtel und Halswirbelsäule mit Kopf können jeweils durch ein Zahnrad dargestellt werden. Die Bewegung eines Körperabschnittes hat automatisch die Weiterbewegung in den anderen Körperabschnitten zur Folge. In der »natürlichen Aufrechthaltung« liegen die drei Zahnräder übereinander.

Den Teilnehmern sollte verdeutlicht werden, daß sie vom Einnehmen der aufrechten Haltung nur profitieren können, wenn sie diese regelmäßig zu Hause täglich üben und konsequent versuchen durchzuführen. Erst dann werden sich positive Auswirkungen zeigen. Der Erwartung von kurzfristigen Erfolgen ist schon zu Beginn vor Einführung der Übungen entgegenzutreten. Der Gruppenleiter sollte sich innerhalb der Sitzungen vergewissern, ob die Teilnehmer die natürliche Aufrechthaltung auch entsprechend der Anweisung durchführen können, und er muß entsprechend anleiten. Er sollte ebenfalls feststellen, ob die einzelnen Elemente durch häusliche Übungen erprobt wurden. Erneut ist in diesem Zusammenhang auf die Bedeutung der langfristigen Einübung einzugehen, sollen deutliche schmerzlindernde Effekte mit Hilfe der Rückenschule erzielt werden. Die natürliche Aufrechthaltung und das rückenfreundliche Bewegen sollen auch während der anderen Abschnitte praktiziert werden. Der Therapeut hat hier Vorbildfunktion.

5.3 Förderung der Lebensqualität

Mit diesem Programmbaustein sollen die Teilnehmer angeregt werden, gezielt Lebensfreude und Lebensgenuß zu suchen.

Bei der Förderung der Lebensqualität orientieren wir uns an einem von Lutz und Koppenhöfer entwickelten Therapieprogramm zum Aufbau positiven Erlebens und Handelns bei depressiven Patienten. Es wird hierdurch insbesondere die Problematik des depressiven Schmerzpatienten angesprochen, dem es aufgrund seines depressiven Zustandsbilds kaum möglich ist, angenehme Aktivitäten auszuführen, auch wenn die äußeren Rahmenbedingungen es ihm durchaus erlauben würden. Aufforderungen zu lustbetonten Aktivitäten müssen so lange wirkungslos bleiben, wie der Patient nicht fähig ist, mit ihnen in einer spezifischen Art und Weise – nämlich genußvoll – umzugehen. Wir verfolgen daher mit diesem Baustein das Ziel, dem depressiven Patienten über ein Genußtraining einen Zugang zu positivem Erleben und Handeln zu erschließen.

Innerhalb dieser Einheit wird folgendes Vorgehen gewählt: In der 4. Sitzung tauschen sich die Teilnehmer in Kleingruppenarbeit darüber aus, was sie in den letzten 24 Stunden Angenehmes erlebt haben. Damit ist nicht gemeint, daß die Teilnehmer in dieser Situation keine Schmerzen gehabt hätten, sondern vielmehr, daß sie sich in ihrem Wohlbefinden von den Schmerzen nicht haben beeinträchtigen lassen. Hierdurch soll ihre Aufmerksamkeit gezielt auf das trotz ihrer Schmerzen Positive in ihrem Leben gerichtet werden. Als Hausaufgabe werden sie angehalten, über eine Woche darauf zu achten und zu notieren, was ihnen in ihrem Alltag Freude bereitet. In der 5. Sitzung werden die »Acht Regeln des Genießens« vorgestellt, die die Teilnehmer während des gesamten weiteren Programms begleiten werden. Diese Regeln sind in einer Übersicht zusammengefaßt worden, die während der nachfolgenden Gruppenstunden jeweils aufgehängt werden soll (s. Folie 20 in »Materialien zum Trainerhandbuch«). Folgende »Genußregeln« sind hier aufgeführt:

- Genieße bewußt.
- Überlasse deinen Genuß nicht allein dem Zufall.
- Nimm dir Zeit zum Genießen.
- Gönne dir Genuß.
- Schule deine Sinne für Genuß.
- Genieße lieber wenig, dafür richtig.
- Genieße die kleinen Dinge des Alltags.
- Genieße auf deine Art.

Der nun folgende Schritt geht über die bloße Wahrnehmung von angenehmen und schönen Dingen im Moment ihres Auftretens hinaus. Es geht darum, aktiv und gezielt für mehr angenehme Erlebnisse im Alltag selbst zu sorgen. Der Gruppenleiter bittet jeden Teilnehmer, Stellung zu nehmen zu der Frage, welche angenehmen Tätigkeiten in der kommenden Woche durchgeführt werden sollen. Anschließend teilt er den Bogen »Ich nehme mir etwas Schönes vor« aus, in den die Teilnehmer – um die Verbindlichkeit zu erhöhen – die geplanten Aktivitäten eintragen. In der 6. Sitzung findet dann ein Austausch der Teilnehmer über die von ihnen durchgeführten angenehmen Aktivitäten statt, der gleichzeitig der gegenseitigen Anregung und Unterstützung dient.

5.4 Lenkung der Aufmerksamkeit und positive Imagination

Ziel dieser Verfahren ist es, die Teilnehmer darin zu unterstützen, sich gedanklich bewußt vom Schmerz durch Strategien der Aufmerksamkeitslenkung zu distanzieren. Die Aufmerksamkeitslenkung kann zum einen durch Konzentration auf äußere Tätigkeiten (z. B. Unterhaltung mit anderen, Gartenarbeit, Saubermachen, Besorgungen erledigen) erfolgen, zum anderen können hier aber auch imaginative Techniken eingesetzt werden, die zu einem tranceähnlichen Zustand führen können. Zu den letzteren werden die im Programm verwendeten Phantasiereisen gerechnet.

Viele Teilnehmer berichten, daß es ihnen unmöglich ist, während ihrer Schmerzzustände an etwas anderes als an den Schmerz zu denken. Nun lernen sie, auch am

Beispiel anderer Teilnehmer, daß Konzentration zu beeinflussen ist und der Selbstkontrolle unterliegt. Insbesondere bei leichteren oder mittleren Schmerzzuständen wird die Unterweisung in der Aufmerksamkeitslenkung als effektives Mittel der Schmerzkontrolle geschildert.

Im Programm setzen wir in der 2. Sitzung an der Selbsterfahrung der Teilnehmer mit dem Thema »Was hilft bei Schmerzen?« an. In Kleingruppen tauschen sich die Teilnehmer darüber aus, welche Aktivitäten mit einer Schmerzlinderung einhergehen. Anschließend berichten die Untergruppen der Gesamtgruppe über die von ihnen eingesetzten Strategien und deren Erfolge. Angeregt durch ein Arbeitsblatt im Patientenhandbuch, auf dem weitere Strategien der Schmerzbewältigung durch Aufmerksamkeitslenkung dargestellt sind, sollen die Teilnehmer zu Hause neue Möglichkeiten der Aufmerksamkeitslenkung in Schmerzsituationen erproben. Über ihre Erfahrungen berichten sie in der nachfolgenden 3. Sitzung.

Im Gegensatz zu dieser »äußeren Ablenkung« besteht die innere Ablenkung darin, die Phantasie, die Imaginationen zur Aufmerksamkeitslenkung zu nutzen. Aufbauend auf dem jetzt bereits erlernten Entspannungsverfahren wird in der 6. Sitzung die »Phantasiereise Baum« durchgeführt. In entspanntem Zustand verfolgen die Teilnehmer die Metamorphose eines Baums über die Jahreszeiten – jeder in seiner eigenen Vorstellung. In der anschließenden Gesprächsrunde werden die mit der Übung gemachten Erfahrungen reflektiert sowie Alltagserfahrungen mit Imaginationen zur Schmerzkontrolle berichtet.

5.5 Aufbau schmerzbezogener Kontrollüberzeugungen

Wenn wir – wie bereits beschrieben – die Teilnehmer fragen: »Was hilft Ihnen bei Schmerzen?« Oder: »Unter welchen Bedingungen spüren Sie Ihre Schmerzen weniger, wann spüren Sie Ihre Schmerzen stärker?«, so impliziert eine solche Fragestellung bereits die Überzeugung von der Kontrollierbarkeit der Schmerzen. Kognitive Methoden oder Methoden der Restrukturierung der schmerzbezogenen Gedanken haben zum Ziel, schmerzbezogene Kontrollüberzeugungen zu vertiefen. Alle kognitiven Behandlungsverfahren betonen immer wieder die Bedeutung der Wahrnehmung und der Interpretation von Schmerzreizen für die Reaktion der Patienten auf chronische Schmerzen. Insbesondere erlebter Kontrollverlust und erlebte Hilflosigkeit dem Schmerz gegenüber werden als wichtige kognitive Ursachen für das Schmerzerleben dargestellt. Aus Laborexperimenten ist bekannt, daß die Schmerztoleranz sich erhöht und die subjektiv erlebte Schmerzintensität abnimmt, wenn die Versuchspersonen glauben, daß sie Kontrolle über den Schmerzreiz haben oder über Bewältigungsstrategien verfügen, die den Schmerz erträglich erscheinen lassen. Aus klinischen Studien ist bekannt, daß die Gedanken der Patienten während der Schmerzepisoden einen deutlichen Einfluß ausüben sowohl auf die Dauer der Schmerzepisoden als auch auf das Ausmaß, in dem die Patienten in ihren täglichen Aktivitäten durch den Schmerz behindert werden.

Insbesondere im Rahmen der Streßforschung wurde gefunden, daß subjektiv erlebter Streß und objektiv meßbare physiologische Streßreaktionen abhängig sind von kognitiven Bewertungen der Streßsituation (vgl. transaktionales Streßmodell von Lazarus). Sich hilflos ausgeliefert zu fühlen, geht einher mit spezifischen physiologischen Reaktionen, die – wie zuvor geschildert wurde – unter anderem über eine Tonussteigerung der Muskulatur zu einer Schmerzverstärkung beitragen. Wer das Gefühl der Kontrolle über die Situation besitzt, zeigt deutlich weniger Streßerscheinungen, selbst wenn die Streßreize die gleichen bleiben.

Gefühle von Hilflosigkeit oder Kontrollverlust, die die weiteren Reaktionen beeinflussen, sind erlernt worden. Der Sozialpsychologe Seligman entwickelte hierfür den Begriff der »gelernten Hilflosigkeit«, wonach das Ausmaß emotionaler und physiologischer Reaktionen auf einen als unangenehm erlebten Reiz abhängt von der erwarteten Kontrollierbarkeit der Situation. Angst und Furcht breiten sich um so stärker aus, je mehr eine Person das Gefühl hat, eine Situation nicht mehr lenken und bestimmen zu können, und sie sich somit deren schädigenden Einflüssen hilflos ausgeliefert fühlt. Dieses Gefühl, keinen Einfluß mehr auf das nehmen zu können, was auf die Person zukommt, bringt spezifische Verhaltensweisen und physiologische Reaktionen hervor, die denen von depressiven Menschen sehr ähneln. Aus diesem Grunde definiert Seligman Depression auch als Mangel an Kontrollüberzeugungen. Depression ist also erlernte Hilflosigkeit, die auf der Erfahrung beruht, einer Gefährdung (oder in unserem Fall dem Schmerz) machtlos, also ohne jede Kontrollmöglichkeit gegenüberzustehen.

Kontrollüberzeugung und Depression sind konträre Zustände. Wenn viele chronische Schmerzpatienten durch die Begriffe Depression, Hilflosigkeit und Hoffnungslosigkeit zu kennzeichnen sind, und wenn diese Zustände andererseits den Schmerz verstärken, so muß es eine zentrale Aufgabe des Programms sein, den Teilnehmern erneut Kontrollüberzeugungen zu vermitteln und in ihnen das Bewußtsein zu stärken, daß sie aktiv etwas zur Bewältigung ihres Schmerzes beitragen können. Eine solche Neubewertung der eigenen Situation, insbesondere aber der eigenen Fähigkeiten zur Schmerzbewältigung, trägt nicht nur zur Schmerzlinderung bei, darüber hinaus – und vielleicht ist das in diesem Zusammenhang sogar der wichtigere Effekt – kommt es über die Zunahme der Aktivität zu einer Verringerung der Depression.

Ein solcher Aufbau von Kontrollüberzeugungen erfolgt im Rahmen des Trainingsprogramms im wesentlichen implizit. Durch die Trainingselemente Entspannung, Rückenschule und Förderung der Lebensqualität entwickeln die Teilnehmer im Verlauf des Kurses ein Gefühl von Beeinflußbarkeit der Schmerzen. Der Gruppenleiter hat die Aufgabe, wenn die Teilnehmer von ihren Erfahrungen berichten, auf diesen Aspekt zu hören, solche Äußerungen aufzugreifen und zu verstärken. Dies illustriert die Bedeutung des Austauschs innerhalb der Gruppe für den Trainingserfolg.

5.6 Teilnehmerinformationen

Innerhalb des gesamten Programms werden den Teilnehmern Informationen vermittelt, die es ihnen erleichtern, die Ursachen ihrer Schmerzen und die Wirkungsweise der angebotenen Behandlungsstrategien zu verstehen. In einigen Sitzungen werden Informationsschwerpunkte gesetzt, wobei das Prinzip verfolgt wird, grundlegende Informationen eher zu Beginn des Programms abzuhandeln, um in späteren Sitzungen verstärkt Informationen zu den jeweiligen Behandlungsbausteinen zu liefern.

In der ersten Sitzung erhalten die Teilnehmer eine Einführung in das Behandlungskonzept, und sie werden motiviert, aktiv selbst etwas zur Kontrolle ihrer Schmerzen zu unternehmen. Ihnen werden Ansatzpunkte der medikamentösen und der aktiven, innerhalb des Programms vorgestellten Schmerzkontrolle aufgezeigt und der Schmerz-Muskel-Befinden-Zirkel wird ihnen erläutert. Anschließend wird das Thema »Muskelaktivität und Schmerz« vertieft. Sie erfahren etwas über die Ursachen von Rückenschmerzen, Gelenkschmerzen und Kopfschmerzen und werden mit anatomischen Grundkenntnissen über Wirbelsäule, Gelenke und zugehörige Muskelpartien vertraut gemacht. Gleichzeitig wird über die Wirkungsweise von Entspannungsverfahren zur Schmerzlinderung informiert. Es folgen kurze Erläuterungen zum Führen des Schmerztagebuchs.

Die 2. Sitzung umfaßt Informationen zur Rückenschule und den geplanten Aufbau der Haltungsschulung. Das Modell der natürlichen Aufrechthaltung und seine Vorteile gegenüber der schlaffen Haltung werden anhand des Zahnradmodells ausführlich erläutert

In der 3. Sitzung wird auf die Rolle der Aufmerksamkeit für das Schmerzerleben eingegangen. Die Aufmerksamkeit wird mit einem Scheinwerfer verglichen, der bei Menschen mit chronischen Schmerzen häufig »festgerostet« ist, so daß er nur noch in die eine Richtung, nur noch auf den Schmerz, scheinen kann. Es kommt darauf an, den Scheinwerfer auch wieder auf andere Dinge als den Schmerz lenken zu können, um die Wahrnehmung zu erweitern und den Schmerz einzugrenzen. Die Teilnehmer sollen hierdurch motiviert werden, die im Programm vermittelten Techniken zur Aufmerksamkeitslenkung aktiv einzusetzen.

Weitere Informationen werden in der 5. Sitzung zum Thema »Acht Regeln des Genießens« gegeben. Die Übersicht mit den Genußregeln (s. Kopiervorlagen in den »Materialien zum Trainerhandbuch«) wird eingeführt, und die Regeln werden im einzelnen erläutert.

In der 7. Sitzung schließlich wird informiert über den Einfluß von Kognitionen auf das Schmerzerleben. Die Teilnehmer erfahren, wie negative Gedankenketten, die als Gedankenlawinen bezeichnet werden, Einfluß nehmen können auf ihr Befinden und auf ihr Schmerzerleben. Beispiele für solche negativen Kognitionen werden aufgeführt. Außerdem wird den Teilnehmern ein Fragebogen mit negativen Kognitionen ausgehändigt, den sie in der Stunde ausfüllen. Im Anschluß daran soll über die bei den Teilnehmern vorhandenen Kognitionen in der Gruppe ein Austausch stattfinden. Des weiteren werden sie über positive Kognitionen, die der Schmerzbewältigung dienen können, informiert und aufgefordert, aus den aufgeführten Beispielen einen »goldenen Spruch« auszuwählen, mit dessen Hilfe sie erproben sollen, gedankliche Kontrolle über ihr Schmerzerleben auszuüben.

5.7 Das Gruppengespräch

Auch wenn das Vorgehen innerhalb der einzelnen Sitzungen durch die Programmvorgaben thematisch stark vorstrukturiert ist, sollte die Bedeutung der Gruppengespräche für den Programmerfolg nicht unterschätzt werden. Aufgabe des Gruppenleiters darf es nicht nur sein, auf die Einhaltung der vorgeschlagenen Programmschritte zu achten, sondern in gleicher Weise muß der Gruppenleiter sich an den aktuell in der Gruppe vorhandenen Bedürfnissen orientieren. Niemals sollte ein Programmpunkt gegen vorhandene Bedürfnisse der Teilnehmer durchgepeitscht werden, wenn möglicherweise für die Teilnehmer ein anderes, aktuell zu bewältigendes Problem im Mittelpunkt steht. Der Gruppenleiter steht somit immer vor einer doppelten Aufgabe: Zum einen muß er das Programm mit der vorgesehenen inhaltlichen und zeitlichen Abfolge sehr gut kennen und vermitteln können; zum anderen muß er sich auf die Gruppe konzentrieren und sie mit dem Ziel einer gegenseitigen Unterstützung der Teilnehmer zu einer aktiven Mitarbeit ermuntern.

Die Bedeutung der Gruppengespräche geht auch aus Befragungen der Teilnehmer nach Beendigung der Programme hervor. So finden wir bei etwa 60 % der Teilnehmer auf die Frage: »Was hat Ihnen an der Gruppenarbeit am meisten geholfen?« spontan die Antwort: »Die Gruppengespräche.« Das Beispiel der anderen leidenden Teilnehmer und deren Art, mit ihren Schmerzen umzugehen, wirkt offenbar distanzierend auf die eigene Schmerzwahrnehmung und bietet darüber hinaus Problemlösungen, die für viele Teilnehmer überzeugender sind als solche, die möglicherweise von Autoritätspersonen vorgeschlagen werden.

Folgende Vorteile werden in der Gruppenarbeit und in den durch sie ausgelösten Gesprächen der Teilnehmer miteinander gesehen:

- Die Teilnehmer geben einander und erhalten voneinander Unterstützung und Hilfestellung. Sie haben nicht das Gefühl, mit ihren Problemen allein zu sein und können sich an Lösungen anderer orientieren.
- Betroffene können mitunter besser als der Gruppenleiter die Problemlage verstehen und fördern durch ihre Äußerungen Optimismus und stärken das Durchhaltevermögen.
- Es entsteht eine positive emotionale Beziehung der Gruppenmitglieder untereinander, die an sich bereits unterstützend wirkt.
- In der Gruppe wird das Selbsthilfepotential eher freigesetzt als in der Einzelbehandlung.

6 Die Arbeit mit Gruppen

Nachdem das Trainingsprogramm beschrieben wurde, sollen zum Abschluß thesenartig einige Hinweise für die Arbeit mit Gruppen gegeben werden.

(a) Die Gruppenzusammensetzung ist zu beachten.

Gesprächsgruppen sollten nur so groß sein, daß die gegenseitige Überschaubarkeit gewährleistet ist, das heißt die einzelnen Mitglieder sollten sich gegenseitig kennenlernen und in der Gruppenarbeit aufeinander achten und eingehen können. Zur Schmerzbehandlung ist es günstig, zwischen sechs und maximal zehn Patienten in eine Gruppe aufzunehmen. Für alle Gruppen, in denen ein gemeinsames Ziel erreicht werden soll, erweist sich eine homogene Zusammensetzung als günstiger, das heißt die Teilnehmer sollten hinsichtlich des zu bewältigenden Problems gleichartig sein. Für das von uns entwickelte Programm sollten solche Patienten vorgesehen werden, deren Schmerz durch den von uns als grundlegend eingeführten Schmerz-Muskel-Befinden-Zirkel zu erklären ist. Vorwiegend werden das Patienten mit Rückenschmerzen, Gelenkschmerzen und Kopfschmerzen sein. Auch hinsichtlich soziodemographischer Merkmale ist auf Homogenität zu achten. Negativbeispiele wären zum Beispiel eine

- ungleiche Geschlechterzusammensetzung (ein Mann unter zehn Frauen) oder
- extreme Intelligenz- oder Schulbildungsunterschiede.

Patienten mit starken sozialen Ängsten oder Persönlichkeitsstörungen, die eigentlich einer Psychotherapie bedürfen, sollten nicht in die Gruppe aufgenommen werden. Sowohl der Gruppenleiter als auch die anderen Gruppenmitglieder können hierdurch überfordert sein.

(b) Der Zusammenhalt der Gruppe muß fortlaufend gefördert werden.
Die Entwicklung und Stärkung der Motivation für die Gruppenarbeit gehört insbesondere in der Anfangsphase zu den dringenden Aufgaben des Gruppenleiters. In die Gruppenbildung sollte der Gruppenleiter sich mit einbeziehen, denn auch er ist Teil der Gruppe. Wichtigste Art, den Gruppenzusammenhalt zu fördern, besteht darin, die Gruppenteilnehmer untereinander ins Gespräch zu bringen und Verantwortung füreinander übernehmen zu lassen.

(c) Die Gruppenaufgabe muß immer deutlich sein.
Der Gruppenleiter soll die zu erwartenden Vorteile der Gruppenarbeit für jeden einzelnen hervorheben, um hierdurch die Motivation zu steigern. Der nicht immer einfache und häufig langwierige Weg zur Kontrolle des Schmerzes sollte durch Vorgaben kurzfristig zu erreichender Ziele erreichbarer werden. Teilerfolge, die besonders beachtet werden sollten, beflügeln die weitere Mitarbeit der Teilnehmer.

(d) Gruppenbedürfnisse haben Vorrang vor Einzelbedürfnissen.
Der Gruppenleiter sollte sich niemals an dem Wissen und dem Stand einzelner orientieren, sondern immer an dem der Gruppe. Wenn einer einen Sachverhalt richtig wiedergeben kann, bedeutet das nicht, daß alle ihn verstanden haben. Der Gruppenleiter muß dort anfangen, wo die schwächeren Mitglieder der Gruppe stehen; er darf keine Forderungen stellen, die nur einige aus der Gruppe erfüllen können. In der Gruppe müssen ständig Kompromisse geschlossen werden zwischen den Interessen und Bedürfnissen einzelner und den Möglichkeiten der gesamten Gruppe. Hiermit ist auch verbunden, mit der Stärke jedes einzelnen zu arbeiten. Der Gruppenleiter ist aufgefordert, die Stärke eines jeden zu erkennen und sie in der Gruppe und für die Gruppe zu fördern.

(e) Der Führungsstil muß sich den jeweiligen Erfordernissen anpassen.
Für Schmerzgruppen bietet sich der partnerschaftliche Führungsstil an. Damit ist aber der Gruppenleiter nicht von der Prüfung entlastet, ob die Gruppe auch immer reif genug für diesen Stil ist. Zwar sollte der Leiter Raum für Entscheidungen offenlassen, aber er sollte auch wissen, daß Mitentscheiden über Gruppeninhalte ein Wissen voraussetzt, das von den Teilnehmern häufig nicht erwartet werden kann.

Im Programm ist vorgesehen, die Gruppen von Anfang an zur Eigeninitiative zu führen und ihre Selbständigkeit zu fördern. Durch die Vorgaben des Programms sind der Beteiligung der Teilnehmer an der Planung der einzelnen Schritte jedoch enge Grenzen gesetzt, und der Gruppenleiter wird häufig seine Autorität einsetzen müssen, um die Ziele der einzelnen Gruppenstunden zu erreichen.

(f) Gruppenkommunikation muß für alle durchsichtig sein.
Wenn Personen in der Gruppe nicht offen das sagen, was sie möchten, so ist die Arbeit erschwert. Das Einüben von direkter und eindeutiger Gruppenkommunikation ist eine wichtige Aufgabe des Gruppenleiters. Neben der Steuerung und Klärung des sprachlichen Umgangs in der Gruppe muß der Leiter auch auf nichtsprachliche Kommunikation achten. Kommunikationsbeschränkungen hat der Leiter zu erkennen und aufzugreifen, wenn nicht schwerwiegende Gruppenstörungen auftreten sollen.

(g) Gruppenstörungen müssen aufgegriffen werden.
Gruppenstörungen früh genug zu erkennen und sie der Gruppe sichtbar zu machen, sind deshalb wichtige Aufgaben des Leiters, weil die Gruppe sonst nicht arbeitsfähig bleibt. Die Ziele des Programms können nur erreicht werden, wenn die Teilnehmer zur Mitarbeit bereit sind. Gehen sie ungern in die Gruppe oder fühlen sie sich dort nicht wohl, können sie auch in der Sache nicht aktiv mitarbeiten.

Übersicht über das Programm Chronische Kopf- und Rückenschmerzen

In der Tabelle 1 wird eine abschließende Übersicht über den Aufbau der einzelnen Gruppensitzungen gegeben. Das Programm besteht aus fünf Bausteinen, die als Information, Entspannung, Beeinflussung von Kognitionen und Gefühlen, Förderung der Lebensqualität und Rückenschule bezeichnet werden. Innerhalb dieser Bausteine sind die einzelnen Elemente aufeinander bezogen. In den ersten Sitzungen nehmen Informationen einen großen Teil der Zeit ein, um dann später stärker in den Hintergrund zu treten. Sie werden dann abgelöst durch praktische Übungen zur Förderung angenehmen Erlebens. Übungen zur Entspannung und zur Rückenschule sind hingegen in jeder Sitzung enthalten.

Sitzung	Informationen	Entspannung	Beeinflussung der Kognitionen und Gefühle	Förderung der Lebensqualität	Rückenschule
1	Schulungskonzept, Muskelaktivität und Schmerz	Progressive Muskelrelaxation (PMR) Langform	Austausch über Schmerzerfahrungen (Paarinterview)		Einführung Aktiver Bewegungsausgleich
2	Infos zur Rückenschule, Aktive Aufrechthaltung, Beckenkippung	Feedback zum Üben zu Hause Langform	»Was hilft bei Schmerz?« Kleingruppenarbeit		Aktiver Bewegungsausgleich, Aufrechthaltung, Beckenkippung, Brustkorbhebung
3	Rolle der Aufmerksamkeit beim Schmerzerleben	Feedback Langform	Übung zur Aufmerksamkeitslenkung		Kopfhaltung, Joch-, Schultergürtel, Aktiver Bewegungsausgleich
4		PMR Einführung Kurzform und Ruhewort		»Was habe ich in den letzten 24 Stunden Angenehmes erlebt?" (Gruppengespräch)	Beinachsen und Rumpfbewegungen, Aufstehen, Hinsetzen, Stehen, Aktiver Bewegungsausgleich
5	»Acht Regeln des Genießens«	Kurzform		Angenehmes Erleben im Alltag	Gehen, Bücken, Wischen, Aktiver Bewegungsausgleich
6		Einführung Ampelübung	Imaginationen: Innere Ablenkung bei Schmerz, Phantasiereise	»Ich nehme mir etwas Schönes vor.«	Heben und Tragen, Aktiver Bewegungsausgleich
7	Gedanken und Schmerzen	Ampelübung	Phantasiereise »Ort der Ruhe und Entspannung« Abschlußgespräch: »Was ich aus der Gruppe mitnehme.«		Spülen und Waschen, Aktiver Bewegungsausgleich

Tab. 1: Aufbau der Sitzungen

Empfohlene Literatur zur Vertiefung

Zum Thema Schmerz

Zenz, M.; Jurna, I. (Hg.) (2000): Lehrbuch der Schmerztherapie. Stuttgart, 2. Aufl.

Zimmermann, M. (1999): Physiologie von Nozizeption und Schmerz. In: Basler, H.-D.; Franz, C.; Kröner-Herwig, B.; Rehfisch, H. P.; Seemann, H. (Hg.), Psychologische Schmerztherapie. Heidelberg.

Zum Thema Psychologische Schmerzbehandlung

Basler, H.-D.; Franz, C.; Kröner-Herwig, B.; Rehfisch, H. P.; Seemann, H. (Hg.) (2000): Psychologische Schmerztherapie. Heidelberg.

Kröner-Herwig, B.; Franz, C.; Geissner, E. (Hg.) (1999): Praxisfeld Schmerztherapie. Psychologische Behandlung chronischer Schmerzsyndrome. Stuttgart.

Zum Thema Entspannung

Bernstein, D. A.; Borkovec, T. D. (2000): Entspannungs-Training. Handbuch der »progressiven Muskelentspannung« nach Jacobson. Stuttgart.

Brenner, H. (1992): Entspannungstraining. München.

Petermann, F.; Vaitl, D. (2000): Handbuch der Entspannungsverfahren, Bd. 2: Anwendungen. Weinheim.

Vaitl, D.; Petermann, F. (2000): Handbuch der Entspannungsverfahren, Bd. 1: Grundlagen und Methoden. Weinheim.

Zum Thema Rückenschule

Brügger, A. (1980): Die Erkrankungen des Bewegungsapparates und seines Nervensystems. Stuttgart.

Brügger, A. (1990): Gesunde Körperhaltung im Alltag. Zürich.

Kempf, H. D. (1995): Die Rückenschule. Das ganzheitliche Programm für einen gesunden Rücken. Reinbek.

Krämer, J. (2000): Bandscheibenschäden vorbeugen durch Rückenschule. München.

Zum Thema Imagination und Genuß

Friebel, V. (1993): Die Kraft der Vorstellung. Stuttgart.

Jakubowicz, D. (1999). Genuß und Nachhaltigkeit. Handbuch zur Veränderung des persönlichen Lebensstils. Wien.

Lutz, R. (1983): Genuß und Genießen – Zur Psychologie genußvollen Erlebens und Handelns. Weinheim.

Maaß, E.; Ritschl, K. (1996): Phantasiereisen leicht gemacht. Die Macht der Phantasie. Paderborn.

Vopel, K. W. (1997): Höher als die Berge, tiefer als das Meer. Phantasiereisen für Neugierige. Salzhausen.

Teil 2

Das Manual

Vorgespräch mit dem Patienten

Die Patienten müssen, bevor sie an dem Training teilnehmen, in einem Beratungsgespräch über die wesentlichen Ziele und Inhalte des verhaltensmedizinischen Programms informiert werden. Sie müssen erfahren, warum in einem Gruppentraining Chancen liegen, mit dem Schmerz besser leben zu können und eine höhere Lebensqualität zu erreichen. Auch praktische Aspekte, wie etwa die benötigten Arbeitsmaterialien und die Kosten der Schulung, sind Gegenstand dieses vorbereitenden Einzelgesprächs.

Die im folgenden aufgelisteten Gesprächsthemen sollten in die Vorbereitung einbezogen werden. Sie benötigen für dieses Gespräch etwa 10 Minuten Zeit.

Erläutern Sie dem Patienten die Vorteile einer Teilnahme an dem Trainingsprogramm »Chronische Kopf- und Rückenschmerzen«:

- Sie lernen verschiedene Verfahren kennen, die ihnen helfen, aktiv etwas zur Linderung ihrer Schmerzen zu unternehmen.
- Sie werden lernen, den Schmerz, um den sich bereits sehr viel in ihrem Alltagsleben dreht, stärker in den Hintergrund treten zu lassen. Sie können Strategien entwickeln, sich nicht unterkriegen zu lassen und wieder mehr Lebensfreude zu gewinnen.
- Sie können sich mit den anderen Gruppenmitgliedern austauschen und durch andere Unterstützung finden.
- Sie erhalten ein Patientenhandbuch, das ihnen dabei hilft, das Gelernte zu Hause nachzuarbeiten, eine CD mit Entspannungsanleitungen und ein Schmerztagebuch.

Geben Sie dem Patienten Gelegenheit, spontan auftretende Fragen, Unsicherheiten und Bedenken hinsichtlich der Teilnahme zu äußern. Noch unsichere Patienten sollten motiviert, aber nicht bedrängt werden.

Klären Sie, ob der Patient in der Lage und auch dazu bereit ist,

- an allen geplanten 7 Gruppensitzungen teilzunehmen und
- sich täglich eine halbe Stunde Zeit für Übungen, zum Beispiel zur Entspannung, zu nehmen.

Klären Sie den Patienten darüber auf, welche Kosten durch die Teilnahme entstehen.

Wenn der Patient einwilligt, am Trainingsprogramm teilzunehmen, so lassen Sie eine Teilnahmevereinbarung unterschreiben. Sie finden sie am Anfang des Patientenhandbuchs und als Kopiervorlage in den »Materialien zum Trainerhandbuch«. Bei Bedarf machen Sie sich eine Kopie für Ihre Unterlagen.

Händigen Sie entweder jetzt oder, falls die Kostenübernahme noch nicht geklärt ist, zu Beginn der ersten Gruppensitzung das Patientenhandbuch mit CD und das Schmerztagebuch aus oder teilen sie dem Patienten mit, daß er die für ihn erforderlichen Materialen über den Buchhandel beziehen kann. Hand- und Schmerztagebuch müssen zu jeder Sitzung mitgebracht werden.

Zu den Sitzungen sollen die Patienten wenn erforderlich eine Lesebrille mitbringen und sich für die häuslichen Übungen einen CD-Spieler besorgen.

Erläutern Sie dem Patienten abschließend wie das Schmerztagebuch geführt wird. Das Schmerztagebuch I soll 14 Tage lang vor Beginn des Trainingsprogramms täglich ausgefüllt und anschließend zur Dokumentation der Ausgangslage (Baseline) dem Therapeuten vorgelegt werden. Die Patienten werden zusätzlich nach Abschluß des Trainings gebeten, das Tagebuch III zwei Wochen lang zu führen. Auf diese Weise kann durch einen Vergleich mit der Ausgangslage die Veränderung des Schmerzerlebens dokumentiert werden. Das Tagebuch II soll über die ganze Zeit des Trainings geführt werden, wobei begleitend zu den Sitzungen die Aufzeichnungen mit den Patienten besprochen werden.

Erläuterungen zur Anwendung des Manuals

Das Manual dient der Orientierungshilfe bei der Durchführung des Gruppentrainings. Die hier beschriebene Vorgehensweise hat sich in vorhergehenden Studien bewährt und sollte nicht ohne Not verlassen werden. Es ist nicht möglich, Inhalte einzelner Sitzungen zu überspringen, da diese logisch aufeinander aufbauen. Dennoch kann es sinnvoll sein, in einzelnen Gruppen, bezogen auf die Probleme der jeweiligen Gruppenteilnehmer, unterschiedliche Schwerpunkte zu setzen, etwa die Entspannungsübungen zeitlich stärker auszudehnen oder den Übungsteil zum angenehmen Erleben zu erweitern. In einem solchen Fall muß allerdings das gesamte weitere Vorgehen neu strukturiert werden. Nicht empfehlenswert ist es, den Informationsteil zu Lasten des Übungsteils zu erweitern. Entscheidend für den Erfolg ist eine Veränderung des Erlebens und Verhaltens der Teilnehmer. Die Informationen sind hierzu zwar eine notwendige, aber bei weitem keine hinreichende Voraussetzung.

Im Manual finden Sie auch Hinweise darauf wie Sie die Diskussion anregen oder wie Sie mit Rückfragen umgehen können. Die Zeitvorgaben beruhen auf Erfahrungswerten und erleichtern Ihnen die Strukturierung der Sitzungen.

Das Manual ist vom Layout so aufgebaut, daß der inhaltliche Argumentationsgang in einer Textspalte und die Erläuterungen zum Ablauf in einer Marginalspalte zu finden sind. Wörtliche Rede, die unmittelbar als Redetext verwendet werden kann, ist *kursiv und grün* gedruckt. In der Marginalspalte verweisen Symbole auf die jeweiligen Bezüge zum Ablauf der Sitzungen.

Bedeutung der verwendeten Symbole

Zeitangabe in Minuten

Sachinformation für Gruppenleiter

organisatorische und allgemeine Hinweise für Gruppenleiter

organisatorische Hinweise für Patienten

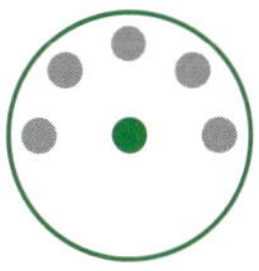
Vortrag des Gruppenleiters

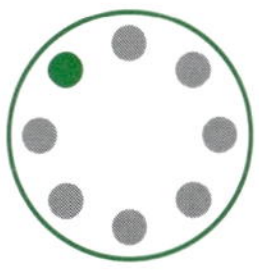
Gruppengespräch

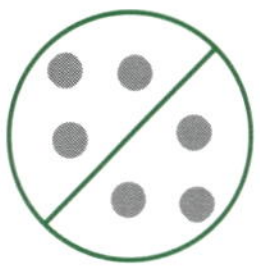
Kleingruppenarbeit

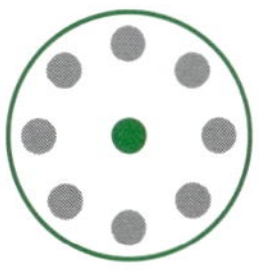
angeleitete Übung (Entspannung, Demonstration)

»wörtliche Rede« ist *kursiv und grün* gesetzt.

1. Sitzung
Entspannung

Materialien:

Gruppenleiter
- Anwesenheitsliste
- Entspannungstext (Langform)
- Namensschilder (Klebeband)
- Overhead-Folien 1 – 8

Teilnehmer
- Telefonliste
- Patientenhandbuch mit CD

Praxis
- vorhandene Sitzmöbel überprüfen: horizontale Sitzfläche, eher steile Rückenlehnen
- evtl. CD-Spieler
- Overhead-Projektor
- Leinwand

Ziele der Sitzung:

→ Die Teilnehmer lernen sich gegenseitig kennen und entwickeln ein Gefühl der Gruppenzusammengehörigkeit.
→ Sie erlernen die Unterschiede zwischen passiver und aktiver Schmerzkontrolle.
→ Sie werden für einen aktiven Bewegungsausgleich motiviert.
→ Sie verstehen den Zusammenhang zwischen Schmerz und Muskelspannung.
→ Sie lernen die Methode der Progressiven Muskelrelaxation kennen und planen regelmäßige häusliche Entspannungsübungen.

Überblick über die Sitzung:

1. Begrüßung
2. Einführung in das Trainingskonzept
3. Rahmenbedingungen der Teilnahme
4. Paar-Interview
5. Aktiver Bewegungsausgleich
6. Informationen zum Thema »Muskelaktivität und Schmerz«
7. Entspannung: Einführung
8. Hausaufgaben

1. Begrüßung und Vorstellen

Der Gruppenleiter begrüßt die Teilnehmer, stellt sich – falls erforderlich – mit Namen und Funktion vor und führt kurz in den geplanten Ablauf der ersten Gruppensitzung ein.

Ich freue mich, Sie heute abend zu unserem ersten Gruppentreffen begrüßen zu können. Ich kann mir vorstellen, daß Sie recht gespannt und neugierig sind zu erfahren, was hier auf Sie zukommt. Der heutige Abend soll deshalb zum einen dazu dienen, uns besser kennenzulernen, und zum anderen möchte ich Ihnen eine Einführung geben in das Thema, das uns heute hier zusammengeführt hat. Sie alle leiden zum Teil seit vielen Jahren an Schmerzen. Wie solche chronischen Schmerzen entstehen können und was wir im Rahmen dieser Gruppe dagegen unternehmen wollen, möchte ich Ihnen erläutern.

2. Einführung in das Trainingskonzept

10

Der Gruppenleiter gibt zunächst einige grundsätzliche Hinweise zum Trainingskonzept. Hierbei wird der Schmerz-Muskel-Befinden-Kreis vorgestellt, auf den in den nachfolgenden Sitzungen zurückgegriffen wird.

Ich möchte Ihnen nun erläutern, welche Ziele wir mit der Gruppenarbeit verfolgen und wie diese Ziele erreicht werden sollen. Wir wollen und können Ihnen nicht versprechen, daß Sie im Laufe des Trainings völlig von Ihren Schmerzen befreit werden. Sie können allerdings folgendes erreichen:

1. *Sie lernen verschiedene Verfahren kennen, die Ihnen helfen, aktiv etwas zur Linderung Ihrer Schmerzen zu unternehmen. Wir werden dies in Zukunft die »aktive Schmerzkontrolle« nennen.*
2. *Sie werden lernen, den Schmerz, um den sich bereits sehr vieles in Ihrem Alltagserleben dreht, stärker in den Hintergrund treten zu lassen. Sie können Strategien entwickeln, sich nicht unterkriegen zu lassen und wieder mehr Lebensfreude zu gewinnen.*
3. *Hierdurch können oft auch Schmerzmedikamente eingespart werden.*

1

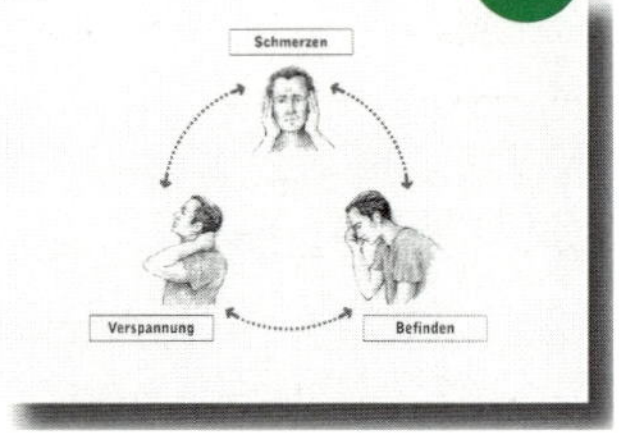

Abb. 1.1

Der Gruppenleiter legt die **Folie 1** zur Abbildung 1.1 »Schmerzkreis« auf den Overhead-Projektor.

Schmerzkreis

Diese Darstellung in Ihrem Patientenhandbuch zeigt einen Überblick über die Ansatzpunkte sowohl der medikamentösen Schmerzbehandlung als auch der aktiven Schmerzkontrolle: Schmerz, Muskelaktivität und das Befinden stehen bei hartnäckigen Dauerschmerzen in einem besonders engen Zusammenhang.

Soll unsere Muskulatur koordiniert und schmerzfrei funktionieren, ist eine Balance zwischen Anspannung und Entspannung der Muskulatur erforder-

lich. Muskulatur, die über lange Zeit hinweg zu stark angespannt ist, wird schlechter durchblutet. Diese Mangeldurchblutung kann so weit gehen, daß schmerzverursachende Substanzen ausgeschüttet werden, die die Nervenendigungen reizen und das Schmerzerleben fördern. In gleicher Weise kann aber auch eine zu geringe Anspannung der Muskulatur, wenn sie über lange Zeit hinweg erfolgt, schädliche Auswirkungen haben. Die Muskulatur erschlafft und verkürzt sich. Eine verkürzte Muskulatur führt wiederum zu Bewegungseinschränkungen und kann Fehlhaltungen zur Folge haben, die das schon vorhandene Mißverhältnis von Anspannung und Entspannung der Muskulatur weiterhin verstärken können. Solche Fehl- und Schonhaltungen können wiederum die Ursache von Muskelschmerzen werden oder aber Muskelschmerzen langfristig aufrechterhalten. Die Schmerzen wirken sich dann – wie Sie aus eigener Erfahrung wissen – auf das allgemeine Befinden aus. Niedergeschlagenheit, Ängstlichkeit und Nervosität können auftreten und wirken ihrerseits verstärkend auf die Schmerzen zurück. So entsteht allmählich ein Teufelskreis zwischen verspannter oder verkürzter Muskulatur, Befinden und dem Schmerzerleben. Diesen zu unterbrechen, ist das Ziel jeder Schmerzbehandlung.

Die **Folie 2** zur Abbildung 1.2 »Medikamentöse Schmerzbehandlung« wird betrachtet.

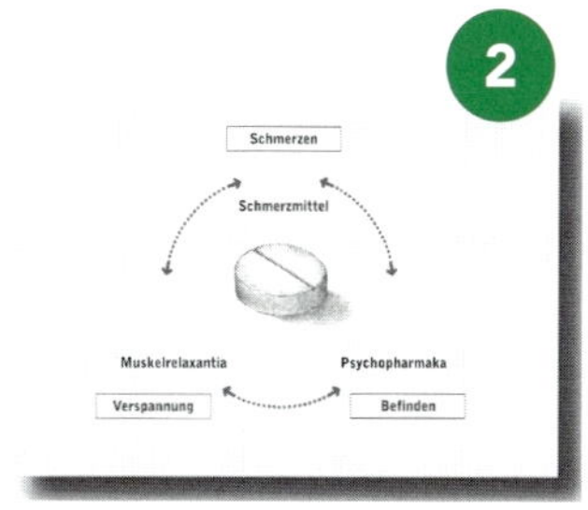

Abb. 1.2

Die herkömmlichen Verfahren setzen dabei in folgender Weise an:

Schmerzmittel, sogenannte Analgetika, verringern die Schmerzreizung und damit das Schmerzerleben. Muskelrelaxantia, aber auch Krankengymnastik, Massagen und Wärmebehandlung entkrampfen die Muskulatur und tragen auf diese Weise zur Schmerzlinderung bei.

Das quälende Mißbefinden, das mit den Dauerschmerzen einhergeht, wird durch Psychopharmaka beeinflußt, die stimmungsaufhellend und zusätzlich entweder anregend oder beruhigend wirken. Dazu gehören zum Beispiel Neuroleptika, Tranquilizer, Hypnotika und Antidepressiva.

Es geht weiter mit **Folie 3** zur Abbildung 1.3 »Ansatzpunkte der aktiven Schmerzbehandlung«.

Abb. 1.3

Auch die aktive Schmerzkontrolle setzt an den drei Punkten des Schmerzkreislaufs an: In unserem Programm wird ein erhöhter Muskeltonus vorwiegend durch ein Entspannungsverfahren, die progressive Muskelrelaxation, angegangen. Hierdurch werden Sie lernen, fortwährend erhöhte Muskelspannungen besser wahrzunehmen und ihnen gezielt entgegenzuwirken. Auch allgemeine innere Unruhe, Nervosität, Angstgefühle und Niedergeschlagenheit nehmen ab, wodurch sich das allgemeine Befinden verbessert. Darüber hinaus werden Sie im Rahmen einer sogenannten Rückenschule Übungen kennenlernen, die dabei helfen, schmerzverstärkende Fehlhaltungen zu korrigieren und erschlaffte Muskeln zu stärken. Auch diese Übungen wirken sich positiv auf die Schmer-

zen aus und können zu einem verbesserten körperlichen Wohlbefinden und Vitalität beitragen.

Des weiteren werden wir uns im Lauf des Programms mit Techniken der Aufmerksamkeitslenkung beschäftigen, die dazu dienen können, die Schmerzempfindungen – zumindest vorübergehend – in den Hintergrund treten zu lassen. Schließlich werden wir uns zur Steigerung des Wohlbefindens mit solchen Dingen und Aktivitäten beschäftigen, die Sie – trotz der Schmerzen oder neben ihnen – als angenehm erleben können, die Freude und Genuß bereiten. Alles zusammengenommen geht es hier also darum, daß Sie Wege kennenlernen, den Schmerzkreis an den verschiedenen Punkten selbst aktiv zu unterbrechen oder einen solchen gar nicht in Gang kommen zu lassen.

Der Gruppenleiter gibt den Teilnehmern Gelegenheit, Fragen zu stellen oder das Gehörte zu kommentieren.

3. Rahmenbedingungen der Teilnahme

5

Nach dieser inhaltlichen Einführung weist der Gruppenleiter die Teilnehmer auf die organisatorischen Bedingungen ihrer Teilnahme hin:

Das Programm ist bereits mit vielen Patienten mit Erfolg durchgeführt worden. Dabei hat sich immer wieder gezeigt, daß der Erfolg sich nur einstellt,

- *wenn die Teilnehmer regelmäßig an allen sieben geplanten Gruppensitzungen teilnehmen und*
- *wenn sie sich täglich etwa eine halbe Stunde Zeit für Übungen, zum Beispiel zur Entspannung, nehmen.*

Nur durch aktive Mitarbeit ist die aktive Schmerzkontrolle wirksam!

4. Paarinterview

30

Durch das Interview sollen die Gruppenmitglieder

- sich näher kennenlernen,
- mit einer Person aus der Gruppe bereits eine Beziehung aufgenommen haben,
- Gründe der anderen für die Teilnahme an der Gruppe erfahren.

In einem Gespräch in Form eines Paarinterviews berichtet jeder Teilnehmer seinem Interviewpartner, warum er hier in der Gruppe ist. Es ist darauf zu achten, daß die Partner sich nicht kennen. Die Teilnehmer sollen dabei folgende Fragen beantworten:

1. Wie ist meine aktuelle berufliche und persönliche Lebenssituation?
2. Welche Schmerzen habe ich?
3. Was verspreche ich mir von der Gruppenarbeit?
4. Was würde ich tun, wenn ich heute nicht hier wäre?

Die Partner fertigen sich ein Namenschild an (z. B. aus Klebeband) und verteilen sich im Raum. Sie haben 10 Minuten Zeit für das Zweiergespräch.

Im Anschluß daran berichten die Teilnehmer was sie über ihren Partner erfahren haben. Der Partner kann anschließend kurze Ergänzungen vornehmen.

Während der Vorstellung führt der Gruppenleiter die Anwesenheitsliste.

Die Telefonliste wird erstellt. Hierbei kann auf die Kopiervorlage im Anhang dieses Handbuchs zurückgegriffen werden, die nun von allen Teilnehmern ausgefüllt wird. Zur Beschleunigung kann auch der Gruppenleiter die Liste erstellen, die dann von einem Teilnehmer bis zur nächsten Sitzung für alle kopiert wird.

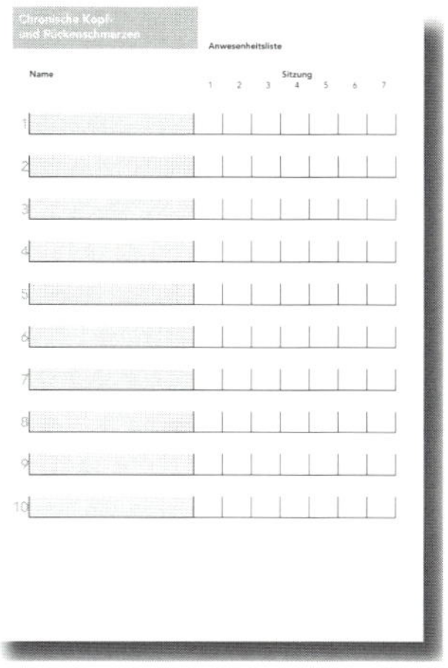

Anwesenheitsliste

Telefonliste

5. Aktiver Bewegungsausgleich

5

Für die Gesunderhaltung des ganzen Körpers und für die Vorbeugung von Rücken- und Kopfschmerz ist Bewegung oder ein häufiger Haltungswechsel wichtig. Bewegung bewirkt eine verbesserte Versorgung der Knochen, des Knorpels und der Bandscheiben sowie eine verbesserte Arbeitsweise der Muskulatur. Längere Zeit andauernde einseitige Haltungen oder monotone Bewegungsformen belasten alle Gelenke und die Muskulatur und tragen zum Schmerz bei.

Untersuchungen haben gezeigt, daß gerade das Sitzen, obwohl wir es meist als vergleichsweise bequeme Haltung empfinden, für den Rücken außerordentlich belastend ist. Dies zeigt sich auch darin, daß die Häufigkeit von Rückenbeschwerden allgemein nicht zurückgegangen ist, seitdem etwa Fabrikarbeiter im Sitzen statt im Stehen arbeiten. Spontane Veränderungen der Sitzhaltung im Alltag können diese Belastung des Rückens bereits erheblich vermindern.

Sie selbst sind momentan auch in der Situation, längere Zeit gesessen zu haben. Lassen Sie uns daher zur Auflockerung etwas Bewegung verschaffen.

Ich möchte Sie bitten, nun einfach etwas zu tun, das Sie vielleicht auch im Alltag tun, um sich zu lockern und sich behaglicher zu fühlen.

Der Gruppenleiter demonstriert einige Möglichkeiten:

Sie können zum Beispiel seitlich am Körper die Stuhlkanten umfassen und sich leicht von der Sitzfläche abstemmen, dabei auch die Beine strecken. Sie können sich räkeln und die Arme ausstrecken oder die Hände verschränken und sich über die Stuhllehne zurücklehnen. Dabei können Sie ebenfalls die Beine ausstrecken und vielleicht die Fußspitzen anziehen.

Sie können auch aufstehen und sich im Stehen ausstrecken und räkeln. Vielleicht müssen Sie dabei auch kräftig gähnen. Schließlich können Sie ein paar Schritte gehen und sei es nur um den Stuhl herum.

Sie können auch noch etwas anderes hinzufügen, was Ihnen spontan einfällt oder etwas, das Sie in ähnlichen Situationen vielleicht gewohnt sind zu tun.

Beenden Sie nun die Bewegungspause im Stehen oder auch mit einer Bewegung im Sitzen, wie es Ihnen momentan am angenehmsten ist.

Danach nehmen die Teilnehmer wieder Platz und berichten, welche Bewegungen zur Lockerung und zum Ausgleich gutgetan haben.

Der Gruppenleiter sammelt Äußerungen der Teilnehmer und greift eventuell einzelne der gezeigten Bewegungen als Übungsvorschläge auf. (Nur Bewegungen, die in die »natürliche Aufrechthaltung« gehen, werden gesammelt, Bewegungen, die in die »schlaffe Haltung« gehen, aussortiert.)

Er führt anschließend den Begriff »aktiver Bewegungsausgleich« ein:

Eine solche Unterbrechung einer einseitigen Haltungs- oder Bewegungsweise durch Bewegung nennen wir aktiven Bewegungsausgleich. Er sollte im Alltag öfter durchgeführt werden, sowohl am Arbeitsplatz als auch zu Hause, zum Beispiel vor dem Fernseher oder beim Lesen eines Buchs.

Ich möchte Sie nun ermuntern, in der kommenden Woche darauf zu achten, daß Sie auch in Ihren Alltags-Tagesablauf immer wieder den aktiven Bewegungsausgleich sozusagen »einstreuen«. Wählen Sie dazu aus den gezeigten Bewegungsabläufen aus oder – falls Sie bereits in vergleichbaren Situationen bestimmte Bewegungen oder Übungen durchführen – behalten Sie diese bei. Achten Sie auch darauf, ob Ihnen diese Bewegung guttut. Den aktiven Bewegungsausgleich sollten Sie vor allem dann durchführen, wenn Sie merken, daß Ihre Schmerzen beginnen. Es ist wichtig, daß Sie, wenn der Schmerz sich entwickelt, möglichst früh innehalten und etwas dagegen tun und nicht erst, wenn der Schmerz sich voll entwickelt hat und es schon zu spät ist. Wenn Sie zu einem frühen Zeitpunkt etwas gegen Ihre Schmerzen tun, können Sie dazu beitragen, daß diese nicht so stark werden.

6. Informationen zum Thema »Muskelaktivität und Schmerz«

Die nachfolgenden Informationen dienen dazu, das Verständnis der Teilnehmer für die an der Schmerzentstehung beteiligten Mechanismen zu vertiefen. Während der Informationen sollen Rückfragen der Teilnehmer gefördert werden. Ziel ist es, die Teilnehmer für eine regelmäßige Durchführung der Entspannung zu motivieren.

Sie alle leiden an Rückenschmerzen, Kopfschmerzen, Schulter- und Nackenschmerzen. Die Muskulatur ist an der Entstehung und/oder der Aufrechterhaltung dieser Schmerzen beteiligt. Wir wollen zunächst auf die Rückenschmerzen eingehen. Dies ist jetzt besonders wichtig für Sie, Herr/Frau (Teilnehmer mit Rückenschmerzen ansprechen). Rückenschmerzen stehen zum einen in Zusammenhang mit der Funktion der Wirbelsäule und der Bandscheiben, zum anderen aber auch mit der Körperhaltung.

Die **Folie 4** zu Abbildung 1.4 »Wirbelsäule« wird betrachtet.

4

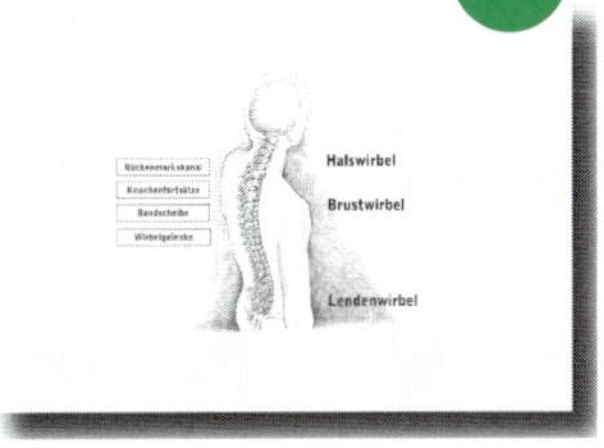

Abb. 1.4

Hier sehen Sie die linke Seite der Wirbelsäule. Sie ist nicht gerade wie ein Stab, sondern doppel-S-förmig gebogen. Von der Vorderseite betrachtet ähnelt die Wirbelsäule einem Stapel von scheibenförmigen Knochen, den Wirbelkörpern. Jeweils zwei benachbarte Wirbelkörper werden durch eine Bandscheibe miteinander fest verbunden.

Die Bandscheiben liegen zwischen den Wirbelkörpern. Sie bestehen aus ringförmig angeordneten Bindegewebsfasern, die einen Gallertkern umschließen. Die Bandscheiben dienen einerseits der Stabilisierung der Wirbelsäule, andererseits als Puffer für Belastungen.

Auf jeder Bandscheibe lasten bei aufrechter Haltung das Gewicht des Kopfs sowie der jeweils oberhalb liegenden Körperpartien und der Druck, der durch die Muskelspannung entsteht, der nötig ist, um den Körper aufrecht zu halten. Allein der Kopf eines Erwachsenen wiegt ca. 7 kg. Dies ist ein Hinweis darauf, wie groß die Druckkräfte sind, die tagtäglich auf eine einzelne Bandscheibe einwirken. Eine gesunde Bandscheibe hält diesen Belastungen stand. Durch einen regelmäßigen Wechsel von Belastung und Entlastung wird sie mit Nährstoffen versorgt und von Schlacken befreit. Im Liegen zum Beispiel quellen die Bandscheiben leicht auf. Dabei werden mit der aufgenommenen Körperflüssigkeit auch Nährstoffe aufgenommen. Im Stehen und Sitzen wird durch den dann ausgeübten Druck allmählich wieder Flüssigkeit herausgepreßt. Dabei werden auch Schlackstoffe mit abgegeben.

Zwischen den Knochenfortsätzen der Wirbel auf der Rückseite und den Wirbelkörpern und Bandscheiben auf der Vorderseite befindet sich gut geschützt das Rückenmark im sogenannten Wirbelkanal. Die folgende Abbildung zeigt eine Bandscheibe und die Knochenfortsätze von oben betrachtet.

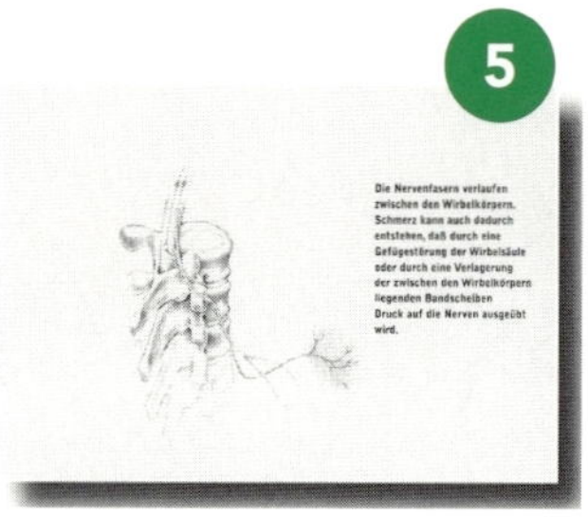

Abb 1.5

Folie 5 zu Abbildung 1.5 »Bandscheibe und Wirbelkörper« wird aufgelegt.

Die aus dem Körper kommenden und die in den Körper hinein verlaufenden Nerven treten durch eine Öffnung in den Wirbelkanal ein und münden dort in das Rückenmark. Der Bereich des Nerven kurz vor der Einmündung wird Nervenwurzel genannt. Dort liegen die Zellkörper der Nervenfasern. Diese bilden für jede einzelne Nervenfaser das »Versorgungszentrum«. Diese Nervenwurzeln können durch eine beschädigte Bandscheibe gequetscht werden. Die Folge davon sind Schmerzen und Mißempfindungen, die wir entweder an der Stelle der Einmündung im Rückenmark als Rückenschmerz empfinden, oder aber die wir dort empfinden, wo der intakte Nerv normalerweise Empfindungen und Muskelreaktionen auslöst, zum Beispiel bei Ischias und Hexenschuß im Bein, beim Schulter-Arm-Syndrom in den Armen oder im Kopf.

Die Bindegewebsringe der Bandscheiben lockern sich bei vielen Menschen im Lauf der Zeit, zum Beispiel durch lang andauernde einseitige Belastungen oder durch Verletzungen. Zu Schmerzen kommt es jedoch erst, wenn der Gallertkern bei Beugebewegungen nach hinten gepreßt wird und durch das gelockerte Bindegewebe der Bandscheibe soweit herausrutscht, daß er auf die Nervenwurzeln drückt.

Durch einen Reflexbogen führt die Nervenreizung zu einer Verspannung der Muskelpartien, zum Teil der umliegenden, zum Teil derjenigen Muskeln, deren Tätigkeit normalerweise von den gereizten Nerven versorgt wird. Die Muskelverspannung verstärkt den Druck auf die Bandscheiben. Dadurch kann – sich ständig aufschaukelnd – der Schmerz zunehmen.

Neben den Bandscheibenschäden besteht eine andere häufig auftretende Ursache von Rückenschmerzen darin, daß die rückwärtig liegenden Zwischenwirbelgelenke gestaucht oder überdehnt wurden. Dies ist häufig der Fall bei Verletzungen im Bereich der Halswirbelsäule, die etwa als Folge von Auffahrunfällen auftreten (sog. Schleudertrauma), oder etwa im Lendenwirbelbereich verursacht durch jahrelange Fehlhaltungen (z.B. gebeugt »zusammengekauerte« Sitzhaltung).

Auch durch diese mechanische Schädigung bedingt kommt es zu reflexartigen Verspannungen der umgebenden und zum Teil sogar entfernt gelegenen Bereiche der Muskulatur. Diese Verspannungen können dann von den betroffenen Teilnehmern nicht ohne weiteres willkürlich wieder beseitigt werden.

Eine wichtige Ursache von Fehlbelastungen der Wirbelsäule und der Muskulatur sind also Fehlhaltungen des Körpers. Fehlhaltungen oder wirbelsäulenunfreundliche Bewegungsabläufe führen zu einseitigen Belastungen der Muskeln. Einige Muskeln werden dauernd angespannt, während andere zu wenig beansprucht werden und mit der Zeit erschlaffen. Die Fehlhaltung verfestigt sich und führt mit den Jahren zu Schmerzen.

Kommen wir nun zu den Kopfschmerzen.

Dies betrifft vor allem Sie, Frau/Herr …

Kopfschmerzen können vielfältige und viele Ursachen haben; unter anderem können sie Folge einer Schädigung der Bandscheiben oder der Wirbelkörper im

Halsbereich sein. In diesem Fall können sie als in den Kopf ausstrahlende Rückenschmerzen bezeichnet werden. Zum anderen können sie aber auf einer Beeinträchtigung der Durchblutung der Kopfblutgefäße beruhen.

Die **Folie 6** zu Abbildung 1.6 »Hals-Schulter-Muskulatur« wird angesehen.

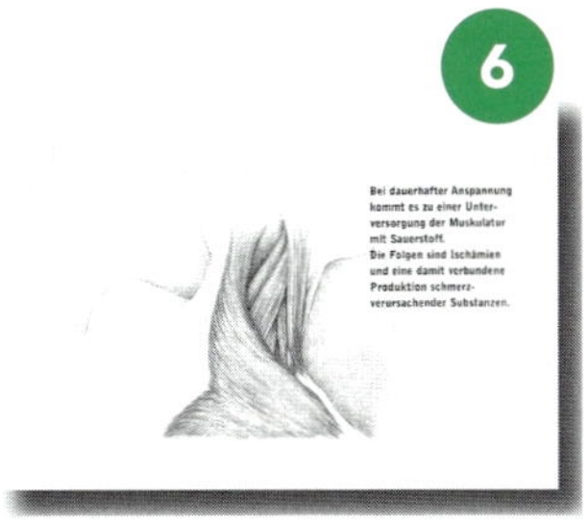

Abb. 1.6

Kopfschmerzen können häufig allein durch Verspannungen der Nackenmuskulatur ausgelöst werden. Die Nackenmuskeln müssen im Sitzen und Stehen einen großen Teil Haltearbeit für den Kopf leisten. Durch diese Dauerbeanspruchung, insbesondere bei gebeugter Haltung, etwa bei Schreibtischarbeit oder Hausarbeit (Gemüse putzen, Bügeln oder Geschirrspülen), werden die Muskeln überanstrengt, sie machen sich mit schmerzhaften Verspannungen bemerkbar. Körperliche Fehlhaltungen sind somit neben einer Ursache für Rückenschmerzen auch eine Ursache für Kopfschmerzen. Durch die Verspannungen werden die Gefäße der fein verästelten Blutgefäße eingeengt.

Die **Folien 7 und 8** zu den Abbildungen 1.7. «Arterie« und 1.8 »Querschnitt durch Blutgefäße« werden aufgelegt.

Abb. 1.7

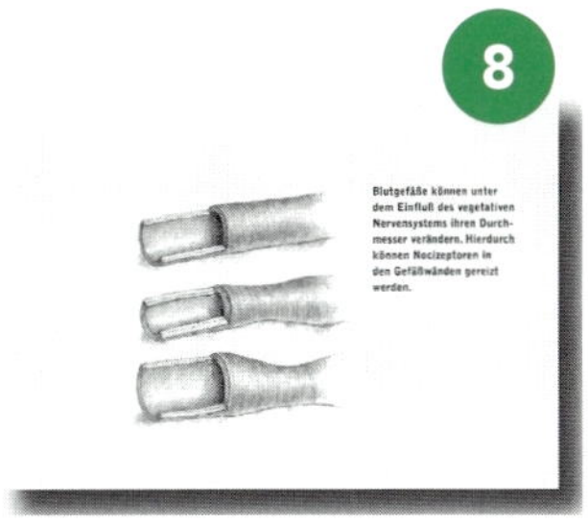

Abb. 1.8

Die Blutzufuhr durch die Blutgefäße, die den Kopf versorgen, wird teilweise verringert. Damit wird die notwendige Sauerstoffzufuhr herabgesetzt, Schlackstoffe sammeln sich in den Gewebebereichen. Dies kann bereits schmerzauslösend wirken. Es kommt durch Blutstauungen zu Erweiterungen der Gefäße vor den feinen Verästelungen der Schmerznerven in den Gefäßwänden und damit ebenfalls zu Kopfschmerzen.

Jeder, der über Kopfschmerzen klagt, hat die Empfindung, als ob der Schmerz im Innern des Kopfs entstehe. Die durch eine Beeinträchtigung der Blutzufuhr bedingten Kopfschmerzen entstehen jedoch nicht im Innern des Kopfs, sondern durch übermäßige Verengung oder Erweiterung des Blutgefäßnetzes, das die innere und äußere Oberfläche der Schädelkapsel überzieht und diese sowie die Kopfhaut mit Blut versorgt. Das Gehirn besitzt ein eigenes Gefäßsystem, das normalerweise nichts mit der Entstehung der Kopfschmerzen zu tun hat. In den Wänden der Kopfblutgefäße befinden sich zahlreiche empfindliche Nervenendigungen von Schmerznerven.

Ein Beitrag zur Linderung der Beschwerden besteht dann in der Lockerung der Halsmuskulatur.

Allgemein gilt: Um Fehlbeanspruchungen und Verspannungen der Muskulatur zu vermeiden, ist das Erlernen von Entspannung und von aktiver Aufrechthaltung sinnvoll.

7. Progressive Muskelentspannung

Einführung

Der Leiter gibt den Teilnehmern Gelegenheit, sich über bisherige Erfahrungen mit Entspannungsversuchen auszutauschen:

Können Sie entspannen und abschalten?
Wann, wo und wie gelingt es Ihnen, sich zu entspannen?
Womit, wodurch oder wobei entspannen Sie sich?

Nach einer ersten Gesprächsrunde wird in einer zweiten auf die Wahrnehmung von Entspannung eingegangen.

Woran merken Sie, wenn Sie entspannt sind?
Wie fühlt sich Entspannung an?

Nach Möglichkeit sollte der Leiter aus den Erfahrungsberichten der Teilnehmer bereits erste Bedingungen für eine erfolgreiche Entspannung herausarbeiten (etwa: ruhiger Raum, angenehme Körperposition, kein innerer Leistungsdruck etc.)

Er stellt dann die Methode der Progressiven Muskelrelaxation (PMR) als eine wissenschaftlich erprobte Methode der Selbstentspannung vor, deren Vorteile darin liegen, daß

- sie – langfristig – ohne äußere Hilfsmittel auskommt,
- universell einsetzbar ist,
- keine unerwünschten Nebenwirkungen hat und
- relativ leicht und schnell erlernbar ist auch von Personen, die bisher mit anderen Entspannungsverfahren, wie etwa dem Autogenen Training, schlechte Erfahrungen gemacht haben.

Der Leiter macht deutlich, daß es sich bei der PMR um eine Trainingsmethode zur Verbesserung der Fähigkeit zur Entspannung handelt, so daß eine schnellere und tiefere Entspannung möglich wird.

Grundprinzip und Vorübungen

Der Leiter erläutert dann das Grundprinzip der Methode, das in einem Wechsel von leichter Anspannung und anschließender Entspannung einzelner Muskelgruppen besteht, und kann dies stichwortartig auf einer Wandzeitung festhalten:

- Muskeln anspannen,
- Spannung kurz halten (und dabei weiteratmen),
- ausatmen und dabei entspannen,
- Konzentration auf Entspannung.

Der Leiter demonstriert dann die Anspannung der einzelnen Muskelgruppen in der Reihenfolge, wie sie auch in der Instruktion vorgesehen ist. Die Teilnehmer probieren die Anspannung der Muskeln in einer Vorübung aus. Es muß dabei darauf geachtet werden, daß die Muskeln nicht verkrampft werden, daß bei der Anspannung keine Schmerzen entstehen, sondern nur so weit angespannt wird, daß ein deutliches Spannungsgefühl entsteht.

Es kann vorkommen, daß einzelne Teilnehmer bei bestimmten Muskeln Schwierigkeiten mit der demonstrierten Form der Anspannung (im Bereich der Hals-, Nacken- und Rückenmuskulatur) haben, daß etwa Schmerzen auftreten oder verstärkt werden. Mit diesen muß der Gruppenleiter alternative Anspannungsmodi entwickeln: Wenn eine Anspannung der Muskeln in bestimmten Körperpartien nicht möglich ist, soll sich der Teilnehmer die Anspannung intensiv vorstellen. Wie die Muskeln angespannt werden, hängt auch davon ab, ob die Übung im Sitzen oder Liegen durchgeführt wird. Sofern die Räumlichkeiten dies zulassen, sollte in beiden Positionen geübt werden.

Durchführen einer Entspannungsübung

Ist das Grundprinzip verstanden und auch die Art und Weise der Muskelanspannung erprobt, kann mit der ersten Entspannungsübung begonnen werden.

Der Leiter wird dazu die Teilnehmer zunächst auffordern, eine möglichst aufrechte Körperhaltung einzunehmen, beengende Kleidungsstücke, wie etwa Gürtel oder Krawatten, zu lockern, gegebenenfalls hochhackige Schuhe auszuziehen, Brillen abzunehmen und so weiter. Er weist darauf hin, daß das Schließen der Augen die Konzentration auf die Übung fördert. Einigen Teilnehmern fällt es zu Beginn schwer, die Übungen mit geschlossenen Augen durchzuführen. Der Leiter sollte dies akzeptieren und nicht auf einen Augenschluß drängen.

Der Leiter erteilt dann die Entspannungsinstruktion in ihrer Langform, für die sich ab Seite 57 ein Formulierungsvorschlag findet. Dieser muß nicht in seinen wörtlichen Einzelheiten übernommen werden, vielmehr sollte der Leiter die Formulierungen seinem individuellen Stil anpassen. Auch sollte er während der Übung die Teilnehmer aufmerksam beobachten und flexibel genug sein, die Instruktion gegebenenfalls zu verändern (z. B. eine bestimmte Übung wiederholen, bei Unruhe vermehrt Ruhesuggestionen einstreuen, bei äußeren Störungen wieder zur Konzentration auf die Entspannung zurückführen). Wichtig ist auch, von Anfang an auf eine lege artis durchgeführte Zurücknahme der Entspannung zu achten.

Nachgespräch

Nach dem Zurücknehmen der Entspannung befragt der Leiter jeden Teilnehmer nach seinen Empfindungen während der Übung:

Wie gut haben Sie sich entspannen können?
Wie haben Sie sich während der Übung gefühlt? Wie fühlen Sie sich jetzt?

Wie fühlt sich Anspannung an? Wie Entspannung?
Wie gut gelang es Ihnen, sich auf die Übung zu konzentrieren?
Gab es Schwierigkeiten oder Mißempfindungen?

Der Leiter macht deutlich, daß eine tiefe Entspannung nicht auf Anhieb gelingt, daß dazu Übung und Geduld erforderlich sind, daß das Auftreten von Schwierigkeiten am Anfang normal ist und diese im Laufe des Kurses besprochen und überwunden werden können.

Planen häuslicher Übungen

Die Teilnehmer sollen die Entspannungsübung zu Hause mindestens einmal täglich durchführen. Hinweise zum Üben:

- regelmäßig,
- an einem festen Zeitpunkt des Tages,
- bei Ruhe und Ungestörtheit,
- ohne Zeitdruck.

Die Teilnehmer überlegen, wie sie die Übung in ihren Tagesablauf einbauen können und legen sich auf einen Übungstermin fest.

Der Gruppenleiter sollte, um Enttäuschungen vorzubeugen, allzu optimistische Erwartungen in bezug auf die unmittelbare Wirkung der Übung dämpfen. In dieser Phase des Trainings geht es zunächst darum, die Fähigkeit auszubilden, sich effektiv zu entspannen. Über den gezielten Einsatz der Entspannungsübung wird zu einem späteren Zeitpunkt gesprochen.

8. Hausaufgaben

Für die häuslichen Entspannungsübungen soll die Langform (1. Version auf der CD) eingesetzt werden. Aus dem Patientenhandbuch zu dieser Sitzung sollen folgende Kapitel bearbeitet werden:

- »Schmerz – was ist das?«
- »Entspannung – der erste Schritt zum Wohlbefinden«

Hausaufgaben-Übersicht

- aktiven Bewegungsausgleich durchführen,
- Langform der Entspannung nach CD üben (täglich),
- Informationen über Entspannung und Schmerz in den Patientenmaterialien durcharbeiten,
- zur nächsten Sitzung zwei Handtücher mitbringen,
- Schmerztagebuch II führen.

Instruktion zur Progressiven Muskelentspannung (Langform)

Nehmen Sie eine möglichst bequeme Haltung ein, und stellen Sie sich darauf ein, daß Sie sich nun entspannen werden.

Achten Sie darauf, daß Sie bequem sitzen:
Im Sitzen ist der Rücken angelehnt, die Füße stehen fest und sicher auf dem Boden, Arme und Hände ruhen locker im Schoß.

Oder Sie liegen auf dem Rücken, die Füße etwas voneinander entfernt. Die Zehen weisen leicht nach außen. Die Hände ruhen bequem neben dem Oberkörper.

Ganz gleich, ob Sie sitzen oder liegen:
Der Kopf hat eine angenehme Lage. Die Augen sind geschlossen. Gehen Sie in Gedanken durch Ihren Körper und versuchen Sie aufzuspüren, welche Muskeln angespannt sind, und versuchen Sie, diese etwas zu lockern.

Atmen Sie einige Male tief ein und dann langsam wieder aus. – Beobachten Sie, wie sich Ihre Bauchdecke beim Einatmen leicht hebt und beim Ausatmen wieder langsam senkt. – Vielleicht können Sie auch spüren, wie die Luft kühl durch die Nase einströmt, und – vom Körper erwärmt – warm wieder hinausfließt. – Wir beginnen nun gleich mit den Übungen. –
Achten Sie dabei bitte ganz aufmerksam auf Ihre Empfindungen bei der Anspannung und der anschließenden Entspannung der Muskeln. Es kommt nicht darauf an, die Muskeln stark anzuspannen, sondern nur darauf, daß Sie die Unterschiede zwischen Anspannung und Entspannung deutlich merken.
Es dürfen auch keine Schmerzen oder Verkrampfungen beim Anspannen der Muskeln entstehen, lassen Sie dann diese Muskeln einfach aus und versuchen Sie, die Muskeln innerlich locker zu lassen.
Atmen Sie auch beim Anspannen der Muskeln ruhig weiter.

Bitte führen Sie die Anspannung der Muskeln immer erst dann durch, wenn ich »jetzt« sage.

Richten Sie zunächst Ihre Aufmerksamkeit auf Ihre ***rechte Hand*** *und Ihren rechten Unterarm und ballen Sie Ihre rechte Hand zur Faust, – jetzt. – Halten Sie die Spannung einen Moment, – und mit dem nächsten Ausatmen lösen Sie die Anspannung in Hand und Unterarm und lockern die Muskeln.*
Achten Sie auf den Unterschied zwischen der Anspannung vorher und der Entspannung jetzt, und bleiben Sie mit Ihrer Aufmerksamkeit immer bei den Muskeln, die Sie gerade entspannt haben.

Als nächstes beziehen wir den ***rechten Oberarm*** *mit ein. Beugen Sie den Ellenbogen mit geöffneter Hand nach oben, – jetzt. – Spüren Sie die Anspannung, –*

und mit dem nächsten Ausatmen lassen Sie den Arm sinken und entspannen. – Achten Sie wieder auf den Unterschied zwischen der Anspannung vorher und der Entspannung jetzt. Achten Sie darauf, wie mit dem Nachlassen der Anspannung die Entspannung ganz langsam eintreten kann. Die Finger, die rechte Hand, der rechte Unterarm und der rechte Oberarm werden mehr und mehr entspannt.

Wir lassen den rechten Arm entspannt und wenden unsere Aufmerksamkeit dem linken Arm zu. Ballen Sie die ***linke Hand*** *zur Faust, aber nicht zu stark, – jetzt. – Beobachten Sie die Empfindungen der Anspannung in Hand und Unterarm, – und mit dem nächsten Ausatmen lassen Sie wieder los und entspannen. – Achten Sie wieder auf den Unterschied zwischen der Anspannung und der Entspannung, die sich allmählich in der Hand und im Unterarm ausbreitet.*

Achten Sie darauf, welches Gefühl sich bei Ihnen entwickelt in Hand und Unterarm, ein leichtes Kribbeln, ein Gefühl von Schwere, Wärme aber auch von Kühle oder Leichtigkeit. Vielleicht empfinden Sie auch gar nichts, auch das ist möglich, machen Sie einfach weiter mit der Übung. – Gehen Sie in Gedanken durch die einzelnen Finger und auch ins Handinnere. Versuchen Sie, die einzelnen Muskelfasern noch mehr fallen zu lassen, ganz loszulassen.
Wir beziehen jetzt den ***linken Oberarm*** *mit ein. Beugen Sie den Ellenbogen, – jetzt. – Beobachten Sie die leicht Anspannung der Muskeln, – und mit dem nächsten Ausatmen lockern Sie die Muskeln im Oberarm, lassen den Arm sinken und entspannen.*

Wieder ist deutlich der Unterschied zwischen der Anspannung vorher und der Entspannung jetzt. Lassen Sie alle Spannung aus dem Arm herausfließen und entspannen Sie den Arm immer mehr und mehr.

Wir lassen beide Arme ganz entspannt ruhen und gehen jetzt über zum Kopf. Wir richten unsere Aufmerksamkeit zunächst auf die ***Stirn*** *und legen die Stirn in Falten, – jetzt. – Beobachten Sie die Anspannung in der Stirn, – und mit dem nächsten Ausatmen lassen Sie die Stirn locker und gelöst werden wie eine glatte, leere Fläche. Achten Sie wieder auf den Unterschied zwischen der Anspannung vorher und der Entspannung jetzt. –*

Glätten Sie die Stirn immer mehr. Spüren Sie, wie die Entspannung der Stirn sich angenehm über die ganze Kopfhaut ausbreitet. Bleiben Sie mit der Aufmerksamkeit immer bei den Muskeln, die Sie gerade entspannt haben. –

Wenn Sie Geräusche wahrnehmen oder wenn Ihnen Gedanken durch den Kopf gehen, machen Sie einfach mit der Übung weiter.

Wir wenden uns jetzt den ***Augen*** *zu und kneifen die Augen zusammen, – jetzt. – Spüren Sie die Anspannung, – und mit dem nächsten Ausatmen entspannen Sie die Augenmuskeln und beobachten wieder das Nachlassen der Anspannung und die aufkommende Entspannung. –*

Als nächstes spannen wir die ***Nasenmuskeln*** *an, indem wir die Nase rümpfen, – jetzt. – Halten Sie die Spannung etwas, – und mit dem nächsten Ausatmen entspannen. Lassen Sie die Muskeln fallen, ganz locker und entspannt. –*

Richten Sie Ihre Aufmerksamkeit nun bitte auf Ihre Lippen und spitzen Sie die ***Lippen****, – jetzt. – Spüren Sie die Anspannung in den Lippenmuskeln, im Mundbereich, – und mit dem nächsten Ausatmen wieder entspannen. Achten Sie wieder auf den Unterschied zwischen Anspannung und Entspannung und darauf, wie sich die Entspannung immer weiter ausbreiten kann.*

Wir gehen weiter zu den ***Kiefermuskeln****. Drücken Sie die Zähne aufeinander, – jetzt. – Spüren Sie die Anspannung, – und mit dem nächsten Ausatmen lassen Sie die Unterkiefermuskeln sich lockern und entspannen.*

Beobachten Sie das Gefühl von Entspannung, das sich im ganzen Gesicht ausbreitet. Achten Sie darauf, wie mit dem Nachlassen der Anspannung ein Gefühl der Entspannung eintritt. Folgen Sie diesem Gefühl immer tiefer und tiefer in Ruhe und Entspannung. Lassen Sie die Entspannung mit jedem Ausatmen immer noch tiefer werden und tiefer.

Wir gehen nun über zu den Muskeln von ***Hals und Nacken****. Drehen Sie den* ***Kopf*** *zunächst langsam* ***nach rechts*** *und beugen ihn leicht zur Schulter, – jetzt – ganz langsam. – Achten Sie auf die Anspannung in den Halsmuskeln, – und mit dem nächsten Ausatmen drehen Sie den Kopf langsam zurück, – ganz langsam – in die Ausgangslage und entspannen.*

Drehen Sie den ***Kopf*** *noch einmal. Diesmal* ***nach links*** *und beugen ihn leicht zur Schulter – ganz langsam, – jetzt. – Halten Sie die Spannung einen Moment, – und mit dem nächsten Ausatmen drehen Sie den Kopf wieder zurück, – ganz langsam – in die Ausgangslage. Und achten darauf, wie auch hier mit dem Nachlassen der Spannung die Entspannung eintritt.*

Drücken Sie den ***Kopf*** *nun* ***nach vorn*** *gegen die Brust, – jetzt. – Achten Sie auf die Anspannung in Hals und Nacken, – und mit dem nächsten Ausatmen bewegen Sie den Kopf langsam zurück in die Ausgangslage und entspannen. –*

Folgen Sie dem Nachlassen der Spannung immer tiefer und tiefer in Ruhe und Entspannung. Lassen Sie die Entspannung mit jedem Ausatmen immer noch tiefer werden und tiefer.

Wir kommen nun zu den ***Schultern****. Ziehen Sie die Schultern etwas nach hinten, – jetzt. – Achten Sie auf die Anspannung im gesamten Schulterbereich, – und mit dem nächsten Ausatmen lassen Sie die Schultern sinken und entspannen. Lassen Sie die Schultern so tief wie möglich sinken. – Lassen Sie alle Spannung aus den Schultern entweichen. –*

Ein angenehmes Gefühl von Ruhe und Entspannung breitet sich aus, folgen Sie diesem Gefühl und vertiefen Sie es mit jedem Ausatmen immer mehr.

Richten Sie Ihre Aufmerksamkeit nun auf Ihren Rücken. Drücken Sie Ihren ***Rücken*** *durch, so daß ein leichtes Hohlkreuz entsteht, – jetzt. – Spüren Sie die Anspannung im unteren Rücken, – und mit dem nächsten Ausatmen lassen Sie die Spannung wieder los und entspannen. – Achten Sie wieder auf den Unterschied zwischen der Anspannung vorher und der Entspannung jetzt. –*

Achten Sie darauf, wie sich ein angenehmes Gefühl der Entspannung allmählich im unteren Rücken ausbreitet. Folgen Sie diesem Gefühl von Ruhe und Entspannung immer tiefer und tiefer und vertiefen Sie es mit jedem Ausatmen immer mehr und mehr.

Als nächstes spannen wir die Bauchmuskeln an. Spannen Sie die ***Bauchmuskeln*** *etwas an, als wollten Sie einen leichten Schlag abfangen, – jetzt. – Spüren Sie die Spannung in der Bauchdecke, – und mit dem nächsten Ausatmen lassen Sie die Spannung los und entspannen. Wieder spüren Sie den Unterschied zwischen Anspannung und Entspannung. Und lassen Sie die Muskeln einfach noch locker und entspannt.*

Wir gehen nun weiter zu den Beinen. Bitte spannen Sie zunächst die ***Oberschenkelmuskeln des rechten Beins*** *an, – jetzt. – Halten Sie die Spannung einen Moment, – und mit dem nächsten Ausatmen lassen Sie die Muskeln wieder los. Lassen Sie den Oberschenkel locker und entspannt werden, ganz entspannt und locker aufliegen.*

Als nächsten spannen Sie nun die ***Wadenmuskeln des rechten Beins*** *an, – jetzt. – Achten Sie auf die Anspannung, – und mit dem nächsten Ausatmen lassen Sie die Wadenmuskeln locker und entspannt. Und Sie beobachten, wie sich die Entspannung immer mehr ausbreitet, – dieses angenehme Gefühl von Entspannung.*

Als nächstes spannen Sie die ***Muskeln des rechten Fußes*** *an, indem Sie die Zehen etwas krümmen, – jetzt. – Halten Sie die Anspannung einen Moment im Fuß, – und mit dem nächsten Ausatmen lassen Sie den Fuß ganz locker und entspannt auf dem Boden aufliegen. Bemerken Sie, wie auch hier sich die Entspannung langsam ausbreitet.*

Wir gehen nun zum linken Bein über. Nun spannen Sie die Muskeln des ***linken Oberschenkels und des Gesäßes*** *an, – jetzt. – Halten Sie die Spannung einen Moment, – und mit dem nächsten Ausatmen entspannen. Lassen Sie die Muskeln locker und entspannt, – und beachten Sie die Entspannung, die sich nun auch hier ganz langsam einstellt.*

*Spannen Sie als nächstes die **Wadenmuskeln des linken Beins** an, – jetzt. – Achten Sie einen Moment auf die Anspannung, – und mit dem nächsten Ausatmen lassen Sie die Muskeln wieder locker.*

*Bitte spannen Sie den **linken Fuß** an, – jetzt. – Halten Sie die Spannung einen Moment, – und mit dem nächsten Ausatmen lassen Sie den Fuß locker, ganz locker und entspannt aufliegen. Spüren Sie, wie die Anspannung immer mehr nachläßt und in eine tiefe Entspannung übergeht. –*

Spüren Sie, wie die Entspannung bis in die Füße hineinreicht, bis in die Zehenspitzen. Folgen Sie der Entspannung und lassen Sie sie mit jedem Ausatmen immer noch tiefer werden.

Und nun konzentrieren Sie sich nur noch auf das angenehme Gefühl der Entspannung. Folgen Sie diesem Gefühl und versuchen Sie, es mit jedem Ausatmen immer noch tiefer werden zu lassen. –

Und lassen Sie dieses angenehme Gefühl in jeden Teil Ihres Körpers fließen: in die Arme – und Hände, – in jeden einzelnen Finger, – in Stirn und Kopfhaut, – in die Augen, – die Nase, – Lippen und Mund – und Kiefer, – in Hals und Nacken, – in die Schultern, – den ganzen Rücken hinunter, – in den Bauch, – in das Gesäß, – die Oberschenkel, – die Unterschenkel, – bis in die Füße hinein, – bis in die Zehenspitzen.

Lassen Sie sich mit jedem Ausatmen tiefer und tiefer in Ruhe und Entspannung fallen. – Genießen Sie diesen Zustand von Ruhe und Entspannung noch einige Minuten.

– (ca. 4 Minuten Entspannung) –

Sagen Sie sich nun, daß Sie die Übung allmählich beenden. Spannen Sie langsam beide Hände wieder an, winkeln Sie die Arme an und strecken und räkeln Sie sich. Atmen Sie ein paarmal kräftig durch und öffnen Sie dann die Augen.

2. Sitzung
Aktive Aufrechthaltung

Materialien:

Gruppenleiter

- farbige Karteikarten
- Filzstifte
- Pinnadeln
- Entspannungstext (Langform)
- Anwesenheitsliste
- Overhead-Folien 9 – 11

Teilnehmer

- Patientenhandbuch: Arbeitsblatt »Was mir bei Schmerzen hilft« Arbeitsblatt »Was anderen Patienten bei Schmerzen hilft«
- zwei Handtücher

Praxis

- evtl. CD-Spieler
- Pinnwand
- Overhead-Projektor
- Leinwand

Ziele der Sitzung:

→ Die Teilnehmer erkennen und überwinden mögliche Schwierigkeiten bei der Entspannungsübung.
→ Sie erfassen Prinzipien von Bau und Funktion der gesunden Wirbelsäule.
→ Sie lernen die aktive Aufrechthaltung kennen.
→ Sie erproben einführend für den Haltungsaufbau die rückenfreundliche Beckenkippung und Brustkorbhebung.
→ Sie erfahren und erproben neue Umgehensweisen mit dem Schmerz.
→ Sie praktizieren den aktiven Bewegungsausgleich weiterhin bewußt.

Überblick über die Sitzung:

1. Begrüßung
2. Feedback: Entspannungsübungen
3. Rückenschule I: Aktive Aufrechthaltung
   – Informationen zur Rückenschule
   – Beckenkippung und Brustkorbhebung
4. Was hilft bei Schmerzen?
5. Aktiver Bewegungsausgleich
6. Durchführen einer Entspannungsübung
7. Hausaufgaben

1. Begrüßung

Zu Beginn der Gruppensitzung begrüßt der Leiter die Teilnehmer, erkundigt sich nach fehlenden Mitgliedern und gibt einen kurzen Überblick über die Themen der jeweiligen Gruppensitzung.

2. Feedback: Besprechung der Erfahrungen mit der Entspannungsübung und dem Umgang mit Störungen

15

Für die Besprechung der Erfahrungen mit den Entspannungsübungen ist besonders zu Beginn des Trainings ausreichend Zeit einzuräumen. Jeder Teilnehmer sollte möglichst zu folgenden Fragen Stellung nehmen:

- *Haben Sie die Übungen täglich durchgeführt? Falls nein: Welche Hinderungsgründe liegen vor? Sind Übungszeitpunkt oder Ort ungünstig gewählt?*
- *Hat die Übung angenehme Empfindungen ausgelöst? (Welche?)*
- *Können Sie sich erlauben, eine halbe Stunde lang »nichts« zu tun?*
- *Welche Fortschritte haben Sie im Lauf der Woche mit den Entspannungsübungen gemacht? Welche Muskeln können Sie gut, welche weniger gut entspannen?*
- *Welche Schwierigkeiten sind bei der Durchführung der Übung aufgetreten?*
- *Welche Auswirkungen hat die Entspannung auf die Schmerzen gehabt?*

Dieser Erfahrungsaustausch gibt dem Leiter die Gelegenheit, die Teilnehmer, die regelmäßig geübt haben und über erste Erfolge berichten, zu verstärken, indem er zu einer ausführlichen Schilderung ihres Vorgehens auffordert. Der Gruppenleiter sollte auf jeden Fall den naheliegenden Fehler vermeiden, sich bei der Rückmeldung ausschließlich auf Probleme und Schwierigkeiten in Zusammenhang mit der Entspannung zu konzentrieren. Vielmehr sind positive Erfahrungen zu verstärken. Die regelmäßige und erfolgreiche Durchführung der Übung ist keinesfalls selbstverständlich und wird dadurch anerkannt, daß der betreffende Teilnehmer ausreichend Gelegenheit erhält, über seine positiven Erfahrungen zu berichten. Hiervon können auch wertvolle Anregungen für die übrigen Kursteilnehmer ausgehen.

Schwierigkeiten bestehen gerade zu Anfang häufig in einer Störung der Konzentration durch abschweifende Gedanken. Hier handelt es sich um ganz normale Anfangsschwierigkeiten, die sich mit zunehmender Übung verlieren. Der Umgang mit störenden Gedanken, die für den Teilnehmer ja durchaus wichtig sein können, läßt sich durch folgenden Vergleich veranschaulichen:

Wer sich mit einem guten Freund unterhält, wird einem zweiten Freund, der zu einem Gespräch zu ihm kommt, nicht die Tür vor der Nase zuschlagen, sondern diesen bitten, einen Moment zu warten; dann kann man sich ihm ganz widmen.

Weitere bildhafte Ausdrücke, die den Umgang mit ablenkenden Gedanken während der Entspannung illustrieren, lauten:

Die Gedanken in den Koffer packen.
Die Gedanken in den Wartesaal stellen.
Die Gedanken vorüberziehen lassen wie Wolken am Himmel.

Zur Förderung der Konzentration auf die Übung ist es ferner hilfreich, die Entspannungsanweisungen selbst innerlich mitzusprechen.

Eine Reihe zunächst störender körperlicher Empfindungen (z.B. spontane Muskelzuckungen, Kribbeln) sind positive Anzeichen einer beginnenden Entspannung. Wenn der Teilnehmer vom Gruppenleiter darüber aufgeklärt wird, fühlt er sich zumeist durch diese Empfindungen nicht mehr gestört.

Andere Störungen sind auf eine unsachgemäße Durchführung der Übung zurückzuführen. Sei es, daß die Anspannung zu kräftig oder zu schwach erfolgt oder eine ungünstige Haltung eingenommen wird (besonders zu beachten ist die Lage des Kopfs) oder aber daß eine nicht abgenommene Brille eine Entspannung der Gesichtsmuskeln behindert. Auf diese Dinge hat der Gruppenleiter während der gemeinsamen Übung zu achten und die Teilnehmer hinzuweisen. Schließlich kann der Erfolg der Übungen auch durch zu große Erwartungen oder durch ein der Sache fremdes Leistungsdenken verhindert werden. Der Gruppenleiter sollte hierfür Verständnis zeigen, aber zugleich auch darauf hinweisen, daß Entspannung nicht erzwungen werden kann. Er kann dies gegebenenfalls am Beispiel des Einschlafens verdeutlichen.

Im Umgang mit Störungen sollte der Gruppenleiter allgemein darauf verweisen, daß Störungen zu Beginn normal sind und die Zuversicht äußern, daß viele sich im weiteren Übungsverlauf von allein beheben werden. Er sollte sich den Erwartungen der Teilnehmer, für jede mögliche Störung eine Erklärung und einen Ratschlag präsentieren zu können, mehr und mehr entziehen und statt dessen die Teilnehmer auffordern, selbst nach Erklärungen und Lösungen zu suchen. Gerade auch bei Schwierigkeiten, die mehr auf der Einstellungsebene liegen, können die Erfahrungen anderer Kursteilnehmer korrigierend wirken.

3. Rückenschule I: Aktive Aufrechthaltung

30

Information

Fehlhaltungen sind eine Ursache von ungünstigen Druckverhältnissen an der Wirbelsäule und Verspannungen der Muskulatur. Sie stehen in Zusammenhang mit der Entwicklung von Rücken- und Kopfschmerzen sowie Schmerzen in anderen Körperabschnitten. Eine aufrechte Haltung trägt zur Vorbeugung und Linderung von Beschwerden bei.

Der Gruppenleiter erklärt die korrekte Aufrichtung der Wirbelsäule im Sitzen und beginnt die Haltungschulung mit der Einübung der günstigen Beckenkippung nach vorn. Er kann dies etwa wie folgt erläutern:

Wir werden im Verlauf des Gruppenprogramms die für die Wirbelsäule natürliche Haltung einüben, das heißt bandscheibenfreundliches Sitzen und die bandscheibenschonende Ausführung von Alltagsbewegungen. Den Haltungsaufbau werden wir schrittweise in den nächsten Stunden einführen.

Heute möchte ich mit der ***korrekten Beckenhaltung*** *und* ***Brustkorbhebung*** *für das Sitzen beginnen. In den folgenden Sitzungen werden wir nacheinander die Position des Kopfs und des Schultergürtels sowie die günstige Ausrichtung der Beine und des Rumpfs auch in Verbindung mit Bewegungen einnehmen, bis wir schließlich zum Stand und zu Bewegungen aus der erarbeiteten Haltung übergehen. In der zweiten Kurshälfte wird die Umsetzung in die Alltagsbewegungen, wie beispielsweise Heben, Tragen, Fegen und anderes, erfolgen.*

Wenn Sie sich gelegentlich im Alltag umschauen, werden Sie feststellen, daß viele Ihrer Mitmenschen – und eventuell auch Sie selbst – eine krumme, schlaffe Körperhaltung einnehmen. Besonders in der Sitzhaltung ist dies auffallend: Die Wirbelsäule ist dann rund gekrümmt, die Schultern hängen nach vorn, der Kopf und das Kinn ist nach vorn gestreckt, der Hals ist im Nacken stark nach vorn gekrümmt. Durch diese schlaffe Sitzhaltung entstehen ungünstige Belastungsverhältnisse in der Wirbelsäule. Sie werden im Lauf dieses Programms nach und nach lernen, warum diese ungünstig sind und wie statt dessen eine günstige Haltung aufgebaut wird.

Die schlaffe Sitzhaltung bewirkt, daß sich Becken und Brustkorb einander annähern, dadurch wird der Bauch- und Brustraum enger, was bis hin zu Funktionsstörungen der inneren Organe führen kann. Bei lang anhaltender krummer Sitzhaltung verkürzt sich darüber hinaus die Muskulatur auf der Vorderseite des Rumpfs allmählich.

Günstig ist dagegen eine Haltung, die der doppel-S-förmigen Wirbelsäulenkrümmung gut entspricht. In dieser Körperhaltung sind die Druck- und Zugbelastungen an den Bewegungssegmenten ausgeglichen. Dadurch wird einer Überbelastung und damit der Gefahr von Gewebeschäden an der Wirbelsäule vorgebeugt.

Die natürliche Körperhaltung wird von unten nach oben aufgebaut und beginnt im Sitzen mit der optimalen Beinstellung, und damit in Zusammenhang mit der günstigsten Beckenstellung; darüber kann dann die Brustkorbposition eingenommen werden, der Schultergürtel wird in eine günstige Position gebracht, und zum Schluß wird der Kopf über dem Brustkorb ausgerichtet.

Dies läßt sich durch ein ***Zahnradmodell*** *veranschaulichen:*

Die **Folie 9** zu Abbildung 2.1 »Sitzhaltung« wird aufgelegt.

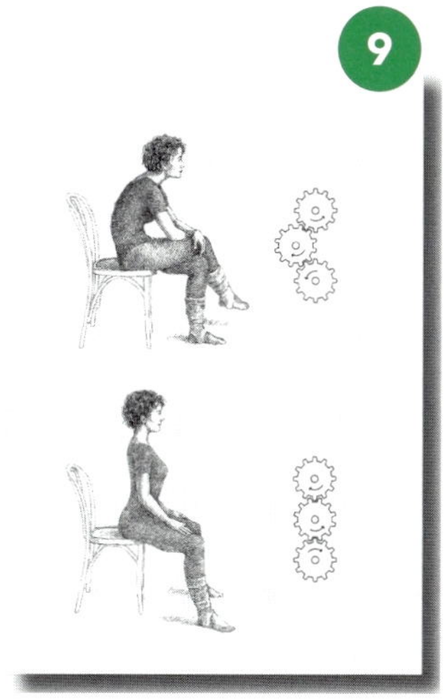

Abb. 2.1

Becken-, Brustkorb-, Hals- und Kopfbereich lassen sich mit Zahnrädern vergleichen, die ineinandergreifen. Wenn sich ein Zahnrad bewegt, müssen die anderen Zahnräder folgen.

Erst wenn die drei Abschnitte Becken, Brustkorb und Kopf übereinander ausgerichtet sind, nimmt die Wirbelsäule eine ihrer natürlichen Form entsprechende optimale Stellung ein.

In der korrigierten, eigentlich natürlichen Haltung sind die Druck- und Zugbelastung im Wirbelsäulenbereich so günstig wie möglich. Um diese Position zu erreichen und zu halten, müssen die Rumpfmuskeln arbeiten. Zu Beginn werden Sie diese Muskelanspannung wahrscheinlich als Anstrengung spüren, weil die Muskeln möglicherweise an die etwas andersartigen Anforderungen nicht gewöhnt sind. Nehmen Sie deshalb die aufrechte Haltung nur soweit ein, daß keine Schmerzen auftreten. Die Muskeln werden jedoch kräftiger und elastischer, je öfter Sie die Bewegungen korrekt durchführen, so daß Sie nach einigen Wochen kaum noch eine zusätzliche Anstrengung spüren. Denken Sie daran, daß sich diese Mühe allein schon deswegen lohnt, weil die gezielte Muskelarbeit eine übermäßige Belastung des ganzen Körpers verhindert.

Die Haltung, die wir einnehmen, wenn wir entspannt oder betont locker sind, ist oft die schlaffe Haltung. Da die Wirbelsäule und insbesondere die Bandscheiben keine Nerven haben, die die hierdurch verursachte Überlastung melden, bemerken wir lange Zeit nicht, wie nachteilig diese Haltung ist. Irgendwann zu einem späteren Zeitpunkt sind jedoch Verschleißerscheinungen die Folge, die sich dann schmerzhaft bemerkbar machen.

Die Beckenkippung

Für die Einübung der Beckenkippung sollten Hocker oder Stühle mit möglichst harter und horizontal ausgerichteter Sitzfläche bereitstehen, auf denen die Berührpunkte der Sitzbeine, insbesondere Sitzbeinhöcker zur Orientierung deutlich zu spüren sind.

Die **Folie 10** zu Abbildung 2.2 »Beckenstellung« wird aufgelegt.

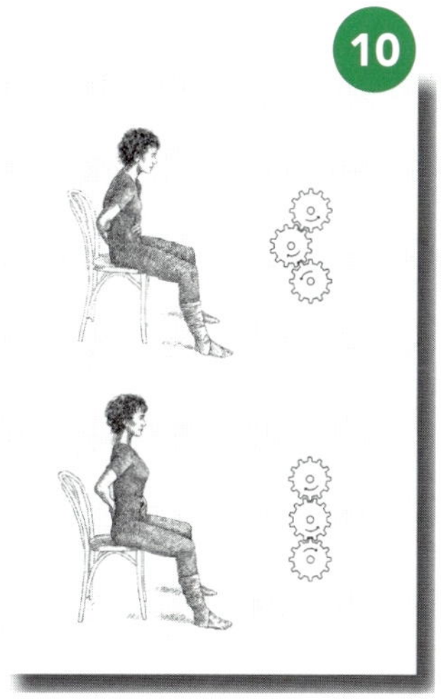

Abb. 2.2

Das Becken balanciert im Sitzen auf den beiden kufenförmigen Sitzbeinen. Es hat daher bei schlaffer Sitzhaltung die Tendenz, nach hinten zu fallen, da es dann auf der hinteren Seite stärker belastet wird. (Demonstrieren oder an der Abbildung »Das Becken« zum vorangegangenen Informationsvortrag erläutern).

Der Gruppenleiter demonstriert die Ausgangsstellung:

Sitzen Sie auf der vorderen Stuhlhälfte und stellen Sie die Beine etwas abgespreizt auf. Legen Sie eine Hand auf den Unterbauch, die andere auf die Lendenwirbelsäule. Kippen Sie nun das Becken nach vorn und nach hinten. Bei diesen Bewegungen sind die Sitzbeinhöcker deutlich zu spüren. Wenn die Belastung senkrecht auf die Sitzbeinhöcker wirkt, ist die Lendenwirbelsäule gerade. Sie erkennen dies daran, daß Sie die Sitzbeinhöcker am deutlichsten auf der Unterlage aufliegen spüren. Bewegen Sie nun das Becken über diesen Punkt hinaus weiter nach vorn, so daß die Belastung etwas vor den Sitzbeinhöckern auf die Sitzfläche wirkt. Dies bringt die Lendenwirbelsäule in ihre natürliche, leicht nach vorn gebogene Form. Der Fachausdruck, den Ihr Arzt für diese leichte Biegung nach vorn gebraucht, ist »Lordose«. Diese Haltung ist nicht mit dem Hohlkreuz zu verwechseln, das eine extreme Biegung im unteren Rücken bezeichnet, und darüber hinaus eine Fehlhaltung ausdrückt, die mit einer falschen Stellung des Brustkorb- und Schultergürtelbereichs verbunden ist.

Üben Sie diese Bewegung nun auch, ohne die Hände aufzulegen.

Der Gruppenleiter kontrolliert bei jedem Teilnehmer, ob die Bewegung korrekt ausgeführt wird.

Es sollte Gelegenheit gegeben werden, die Empfindungen auszusprechen, zum Beispiel Anstrengung, Zweifel, ob sich eine solche Haltung über längere Zeit aufrechterhalten läßt, eventuell auftretende Schwierigkeiten in der Koordination von Haltung und Atmung und anderes. Dazu sollte der Gruppenleiter jeden Teilnehmer kurz seine Eindrücke, Bedenken und Wahrnehmungen äußern lassen. Der Gruppenleiter sollte nicht sofort auf Bedenken eingehen und vorzeitige Problemlösungen anbieten, sondern betonen, daß das Erlernen einer neuartigen Haltung – wie das Erlernen von Bewegungen allgemein – bedeutet, neuartige Erfahrungen zu machen. Am Anfang ist die Haltung ungewohnt, man fühlt sich noch unsicher, ob die Haltung im einzelnen richtig ausgeführt wird, sowie, welchen Spielraum man für Abweichungen zur Verfügung hat. Darüber hinaus neigt man zu Beginn eines solchen Lernprozesses dazu, »zuviel« zu tun, erst allmählich lernt man, dasselbe Ziel mit weniger Aufwand, das heißt auch weniger Anstrengung zu erreichen.

Merksatz 1:
Grundlage für Ihre natürliche Aufrechthaltung ist eine Beckenkippung!

Es wird darauf hingewiesen, daß ein zusammengefaltetes Handtuch auf dem hinteren Teil des Stuhlsitzes die Beckenkippung erleichtern kann und ein weiteres Handtuch zwischen Lehne und Rücken im Bereich der Lendenwirbelsäule zusätzlich die Lendenwirbelsäule unterstützt. Die Teilnehmer werden gebeten, auch für die nächsten Sitzungen jeweils zwei Handtücher mitzubringen.

Die Brustkorbhebung

Es wird die **Folie 11** zu Abbildung 2.3 »Brustkorbhebung« angesehen.

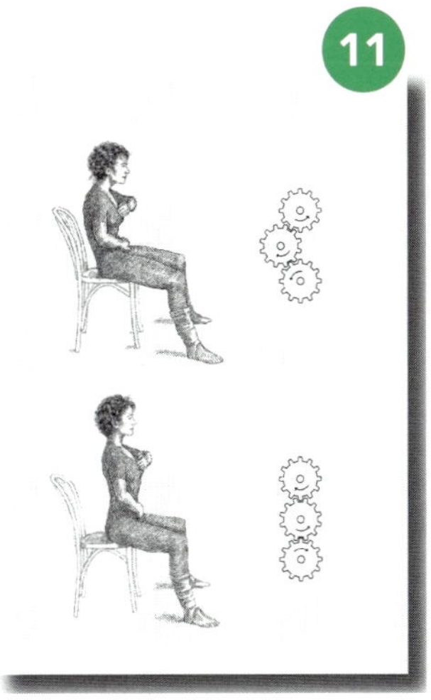

Abb. 2.3

Beobachten Sie einmal, wie sich gleichzeitig mit der Beckenkippung nach vorn eine Hebung des Brustkorbs einstellt. Diese Bewegung wollen wir nun bewußt wahrnehmen. Um sie noch deutlicher zu spüren, legen Sie nun eine Hand auf den Unterbauch, die andere auf das Brustbein. Sie stellen nun fest, daß sich beide Hände bei der Aufrichtung des Rumpfs voneinander entfernen, in der schlaffen Haltung dagegen einander annähern und Bauchraum und Brustkorb wieder enger werden. Üben Sie die Beckenkippung mit der Brustkorbhebung. Der Brustkorb weitet sich nach vorn oben. Beachten Sie dabei, daß Sie die Bewegung des Brustkorbhebens nicht durch Einatmen oder gar Luftanhalten erreichen sollten. Der Oberkörper wird jetzt leicht nach vorn geneigt, um damit einen Überhang nach hinten zu vermeiden. Probieren Sie dies jetzt einmal aus. Versuchen Sie, die Haltung so einzunehmen, daß sie nicht besonders anstrengend für Sie wird und atmen Sie ganz normal weiter.

Merksatz 2:
Richten Sie Ihren Brustkorb immer nach vorn oben auf!

Der Gruppenleiter kontrolliert erneut die korrekte Ausführung der Bewegungen.

Hausaufgabe

Nun wird die Hausaufgabe für die folgende Woche erläutert:

Wir haben mit Ihnen jetzt die ersten beiden Schritte des Haltungsaufbaus erarbeitet, nämlich das Becken nach vorn zu kippen und den Brustkorb aufzurichten. Sie sollten dies nun im Alltag möglichst oft durchführen, wann immer Sie die Gelegenheit dazu haben, zum Beispiel wenn Sie beim Frühstück sitzen, wenn Sie Zeitung lesen, wenn Sie Gemüse putzen oder wenn Sie an der Schreibmaschine schreiben oder am Computer arbeiten. Versuchen Sie immer wieder im Alltag, sich der Beckenstellung und der Brustkorbposition bewußt zu werden und korrigieren Sie sie wenn nötig. Ziel ist, daß Ihnen diese Schritte allmählich in ›Fleisch und Blut‹ übergehen sollten. Da wir noch am Anfang des Haltungsaufbaus stehen, nutzen Sie die Gelegenheit, die natürliche Aufrechthaltung in den verschiedenen Alltagssituationen zu erproben und Ihre persönlichen Erfahrungen dazu zu sammeln. Wir werden in der nächsten Sitzung einen Erfahrungsaustausch vornehmen.

4. Was hilft bei Schmerzen?

Einführung in das Thema

Alle Personen mit lang anhaltenden Schmerzen haben mit der Zeit Möglichkeiten herausgefunden, die ihnen helfen, die Schmerzen zu lindern oder doch zumindest leichter zu ertragen. Gemeint sind hier nicht die verschiedenen Arten von Tabletten, Spritzen und Massagen im Rahmen einer medizinischen Behandlung, sondern eigene Möglichkeiten, sich zu helfen. Hierzu einige Beispiele:

- *ein warmes Bad nehmen oder heiß duschen,*
- *gymnastische Übungen durchführen,*
- *spazierengehen und so weiter.*

Häufig hilft es auch sich abzulenken:

- *im Garten zu arbeiten,*
- *seinem Hobby nachzugehen,*
- *Musik zu hören oder zu singen,*
- *zu tanzen,*
- *fernzusehen und so weiter.*

Dadurch gehen die Schmerzen nicht weg, aber man nimmt sie häufig nicht mehr als so quälend wahr, kann etwas besser damit umgehen und fühlt sich nicht ganz so hilflos.

Kleingruppenarbeit

In 3-4 Untergruppen sammeln die Teilnehmer möglichst viele unterschiedliche Schmerzbewältigungstechniken. Wichtig ist dabei, daß die einzelnen Techniken so konkret wie möglich benannt werden. Also etwa nicht einfach »entspannen«, sondern genau benennen, wie Entspannung erreicht wird. Jede einzelne Schmerzbewältigungstechnik wird auf eine Karteikarte geschrieben (pro Untergruppe eine Kartenfarbe). Abschließend werden die Karten an eine Pinnwand geheftet.

Gruppengespräch

Die Kleingruppen stellen einander ihre Maßnahmen und Erfahrungen vor, mit denen sie sich in Schmerzsituationen helfen. Die Darstellung sollte so erfolgen, daß jeder ein klares Bild von den Aktivitäten der anderen erhält. Im Zweifelsfall sollen die Gruppenmitglieder genauer nachfragen. Der Gruppenleiter sollte herausarbeiten, mit welcher inneren Einstellung diese Maßnahmen durchgeführt werden. »Ein warmes Bad nehmen« zum Beispiel kann nicht nur der Bekämpfung des Schmerzes, sondern der Steigerung der Lebensfreude dienen. Baden kann zelebriert werden mit Ruhe, Zeit, Atmosphäre, Musik und so weiter. Man entspannt sich, schaltet ab und gönnt sich einfach etwas Gutes.

Nach der Runde faßt der Gruppenleiter das Gemeinsame vieler dieser Hilfen zusammen. Sie dienen dazu:

- sich von Schmerzen abzulenken,
- sich etwas Angenehmes und Gutes während der Schmerzen zu gönnen,
- von den Alltagspflichten zurückzutreten, da sich durch die Belastungen des Alltags die Schmerzen verschlimmern können.

Es sollte allerdings auch betont werden, daß mitunter die Pflichten des Alltags dazu beitragen können, den Schmerz zu verringern: Arbeit kann von den Schmerzen ablenken. Wenn sie allerdings zuviel wird, verstärkt die Belastung eher den Schmerz.

Hausaufgabe: Neue Möglichkeiten der Schmerzbewältigung

Nun verweist der Gruppenleiter auf das im Patientenhandbuch abgedruckte Arbeitsblatt »Was anderen Patienten bei Schmerzen hilft« (Abb. 2.4). Die dort aufgeführten Aussagen werden gemeinsam durchgesehen. Nun wird das Arbeitsblatt »Was mir bei Schmerzen hilft« (Abb. 2.5) verteilt. Hier soll jeder Teilnehmer zumindest eine für ihn neue Möglichkeit für den Umgang mit leichten und starken Schmerzen aufschreiben und zu Hause ausprobieren, ob ihm diese bei seinen Schmerzen hilft. Der erste Bogen kann hierzu Anregungen geben. Hat der Teilnehmer in der nächsten Woche keine Schmerzen – um so besser! Er soll diese Möglichkeiten aber festhalten und anwenden, wenn er sie benötigt.

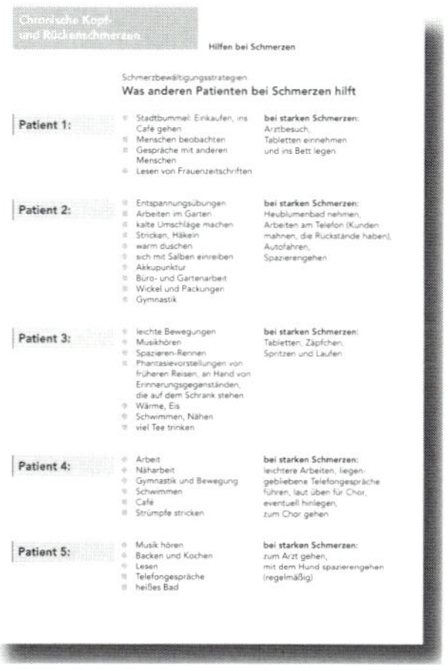
Chronische Kopf- und Rückenschmerzen

Hilfen bei Schmerzen

Schmerzbewältigungsstrategien

Was anderen Patienten bei Schmerzen hilft

Patient 1:
- Stadtbummel: Einkaufen, ins Café gehen
- Menschen beobachten
- Gespräche mit anderen Menschen
- Lesen von Frauenzeitschriften

bei starken Schmerzen: Arztbesuch, Tabletten einnehmen und ins Bett legen

Patient 2:
- Entspannungsübungen
- Arbeiten im Garten
- kalte Umschläge machen
- Stricken, Häkeln
- warm duschen
- sich mit Salben einreiben
- Akkupunktur
- Büro- und Gartenarbeit
- Wickel und Packungen
- Gymnastik

bei starken Schmerzen: Heublumenbad nehmen, Arbeiten am Telefon (Kunden mahnen, die Rückstände haben), Autofahren, Spazierengehen

Patient 3:
- leichte Bewegungen
- Musikhören
- Spazieren-Rennen
- Phantasievorstellungen von früheren Reisen, an Hand von Erinnerungsgegenständen, die auf dem Schrank stehen
- Wärme, Eis
- Schwimmen, Nähen
- viel Tee trinken

bei starken Schmerzen: Tabletten, Zäpfchen, Spritzen und Laufen

Patient 4:
- Arbeit
- Näharbeit
- Gymnastik und Bewegung
- Schwimmen
- Café
- Strümpfe stricken

bei starken Schmerzen: leichtere Arbeiten, liegengebliebene Telefongespräche führen, laut üben für Chor, eventuell hinlegen, zum Chor gehen

Patient 5:
- Musik hören
- Backen und Kochen
- Lesen
- Telefongespräche
- heißes Bad

bei starken Schmerzen: zum Arzt gehen, mit dem Hund spazierengehen (regelmäßig)

Abb. 2.4

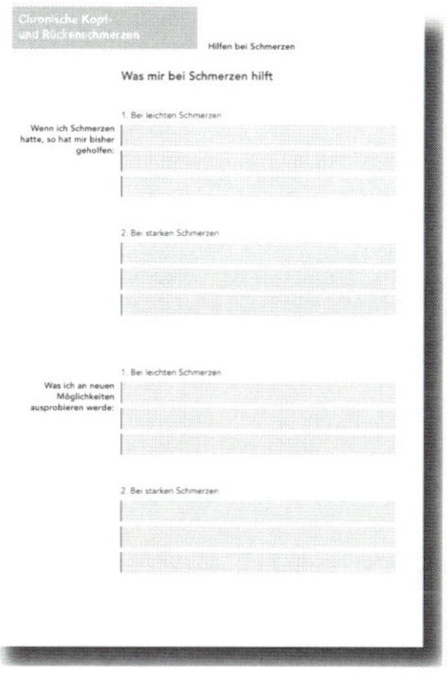
Chronische Kopf- und Rückenschmerzen

Hilfen bei Schmerzen

Was mir bei Schmerzen hilft

Wenn ich Schmerzen hatte, so hat mir bisher geholfen:

1. Bei leichten Schmerzen

2. Bei starken Schmerzen

Was ich an neuen Möglichkeiten ausprobieren werde:

1. Bei leichten Schmerzen

2. Bei starken Schmerzen

Abb. 2.5

5. Aktiver Bewegungsausgleich

Der Gruppenleiter fragt die Teilnehmer nach ihrer Erfahrung mit dem aktiven Bewegungsausgleich. Wie häufig wurde er ausgeführt, wie wurde er bewertet, und was für Bewegungen wurden durchgeführt. Gab es Bemerkungen von Kollegen oder in der Familie? Die Durchführung wird positiv verstärkt.

Daraufhin wird der aktive Bewegungsausgleich mit der gleichen Instruktion wie in der letzten Sitzung durchgeführt:

Sie können zum Beispiel seitlich am Körper die Stuhlkanten umfassen und sich leicht von der Sitzfläche abstemmen, dabei auch die Beine strecken. Sie können sich räkeln und die Arme ausstrecken oder die Hände verschränken und sich über die Stuhllehne zurücklehnen. Dabei können Sie ebenfalls die Beine ausstrecken und vielleicht die Fußspitzen anziehen.

Sie können auch aufstehen und sich im Stehen ausstrecken und räkeln. Vielleicht müssen Sie dabei auch kräftig gähnen. Schließlich können Sie ein paar Schritte gehen und sei es nur um den Stuhl herum.

Sie können auch noch etwas anderes hinzufügen, was Ihnen spontan einfällt oder etwas, das Sie in ähnlichen Situationen vielleicht gewohnt sind zu tun.

Beenden Sie Ihren aktiven Bewegungsausgleich im Stehen oder auch mit einer Bewegung im Sitzen, wie es Ihnen momentan am angenehmsten ist.

6. Durchführen einer Entspannungsübung

Es wird noch einmal die Langform geübt (Text wie 1. Sitzung). Um die Aufrechthaltung zu fördern, legen die Teilnehmer ein gerolltes Handtuch unter ihr hinteres Gesäß. Ein weiteres Handtuch kann bei Bedarf den unteren Rücken stützen.

Nach der Übung befragt der Gruppenleiter die Teilnehmer nach ihren Empfindungen und stellt dabei insbesondere erste positive Entspannungserfahrungen einzelner Teilnehmer heraus.

Hinweis: Die für den Übungserfolg notwendige Regelmäßigkeit der Übung sollte auch für die gemeinsamen Entspannungsübungen während der Gruppensitzungen gelten. Der Umgang mit den Entspannungsübungen während der Sitzungen hat Modellcharakter; dies sollte der Leiter bei der zeitlichen Strukturierung der einzelnen Sitzung berücksichtigen und in keinem Fall die gemeinsame Übung zur Disposition stellen.

7. Hausaufgaben

- natürliche Aufrechthaltung (Beckenkippung und Brustkorbhebung) erproben,
- Entspannungsübung täglich durchführen (Langform),
- neue Schmerzbewältigungen ausprobieren,
- zur nächsten Sitzung zwei Handtücher mitbringen,
- Schmerztagebuch II führen.

3. Sitzung
Aufmerksamkeit und Schmerzerleben

Materialien:

Gruppenleiter
- Entspannungstext (Langform)
- Anwesenheitsliste
- Overhead-Folien 12 – 16

Teilnehmer
- zwei Handtücher

Praxis
- evtl. CD-Spieler
- Overhead-Projektor
- Leinwand

Ziele der Sitzung:

→ Die Teilnehmer lernen durch gegenseitigen Austausch weitere Möglichkeiten der Schmerzkontrolle kennen.
→ Sie üben als weitere Bausteine für die natürliche Aufrechthaltung die korrekte Kopfausrichtung und die Schultergürtelkontrolle ein.
→ Sie erkennen die Bedeutung der Aufmerksamkeit für das Schmerzerleben.
→ Sie vertiefen ihre Entspannungsreaktion.

Überblick über die Sitzung:

1. Begrüßung
2. Rückenschule II: Kopfhaltung, Schultergürtel
3. Aufmerksamkeitslenkung
4. Rolle der Aufmerksamkeit beim Schmerzerleben
5. Aktiver Bewegungsausgleich
6. Entspannung: Langform
7. Hausaufgaben

1. Begrüßung

Zu Beginn der Gruppensitzung begrüßt der Leiter die Teilnehmer, erkundigt sich nach fehlenden Mitgliedern und gibt einen kurzen Überblick über die Themen der jeweiligen Gruppensitzung.

2. Rückenschule II

Der Gruppenleiter gibt jedem Teilnehmer die Gelegenheit, sich zu folgenden Fragen zu äußern:

- *Haben Sie sich im Verlauf der vergangenen Woche Beckenstellung und Brustkorbposition öfter im Tagesablauf bewußtgemacht? Wenn nein, gab es Hindernisse?*
- *Konnten Sie die Stellung auch etwas länger halten?*

Falls Teilnehmer Schwierigkeiten bei der Umsetzung des Gelernten hatten, sollte besprochen werden, ob Möglichkeiten gesehen werden, die Schwierigkeiten aus dem Weg zu räumen.

Der Gruppenleiter bittet nun die Teilnehmer, noch einmal die Beckenstellung und Brustkorbposition für die natürliche Aufrechthaltung einzunehmen. Er bietet gegebenenfalls Hilfen an und führt anschließend den dritten Baustein des Haltungsaufbaus ein.

Heute werden wir die richtige Kopfstellung und die Schultergürtelposition für das Sitzen einüben.

Die Kopfhaltung

Wenn wir den Brustkorb aufrichten und gleichzeitig die Blickrichtung beibehalten, wird der Nacken lang gestreckt. Legen Sie eine Hand auf das Brustbein, die andere auf die Kinnspitze. In der krummen Körperhaltung sind beide Hände weit voneinander entfernt. In der natürlichen Haltung, das heißt wenn

- *das Becken gekippt,*
- *der Brustkorb aufgerichtet,*
- *der Nacken lang gestreckt wird,*

verringert sich der Abstand.

Achten Sie darauf, daß der Rumpf keinen Überhang nach hinten bekommt, sondern der Brustkorb nach vorn oben aufgerichtet bleibt.

Sie spüren, daß der Bauch und der Brustkorb nun weit sind. Bei der Einatmung soll sich nun auch die Bauchdecke heben können.

Es wird die **Folie 12** zur Abbildung 3.1 »Kopfhaltung« betrachtet.

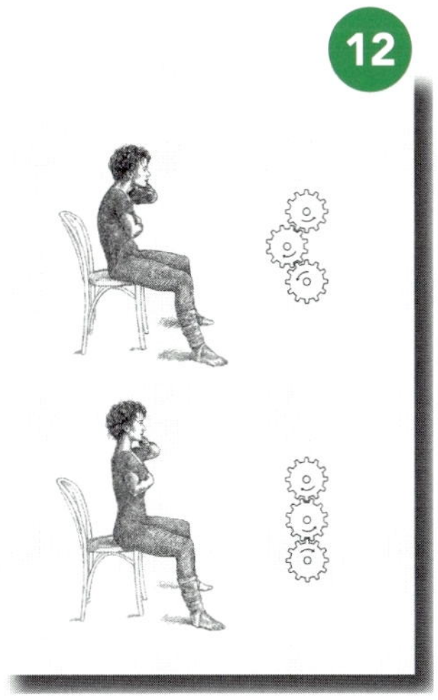

Abb. 3.1

Der Schultergürtel

Der Gruppenleiter bittet zunächst die Teilnehmer, ein Handtuch bereitzulegen. Er erläutert die Schultergürtelkontrolle für die natürliche Aufrechthaltung etwa wie folgt:

Der Schultergürtel liegt auf dem Brustkorb auf. Am Schultergürtel hängen die Arme. Bei einer schlaffen Körperhaltung kippt der Schultergürtel nach vorne, so daß er mit seinem Gewicht und zusätzlich mit dem Gewicht der Arme an der Hals- und Nackenmuskulatur zieht. Dies belastet dann diese Muskelpartien und damit die Halswirbelsäule stark.

Bei natürlicher Aufrechthaltung und wenn die Arme locker neben dem Körper hängen, liegt der Schultergürtel senkrecht von oben auf dem Brustkorb auf und die Belastung verteilt sich gleichmäßig. Dann ist der Schultergürtel sozusagen gut in der Balance. Dieses Prinzip machte man sich früher zunutze, indem man beim Tragen ein Joch verwendete. Dabei verteilte sich die Last günstig auf den Brustkorb.

Es wird die **Folie 13** zu Abbildung 3.2 »Schultergürtelstellung« aufgelegt.

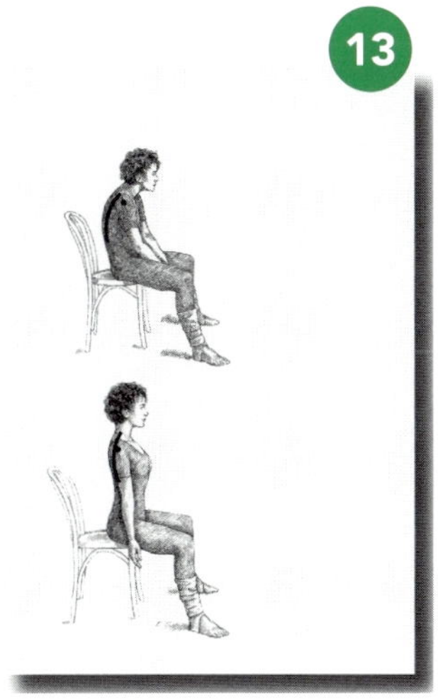

Abb. 3.2

Werden die Arme nach vorn angehoben, so müssen Muskeln die Schulterblätter nach hinten unten festhalten, um den Schultergürtel in der optimalen mittleren Position zu halten.

Die Teilnehmer werden gebeten, die Handtücher bereitzuhalten.

Zur Demonstration der Bewegung der Schulterblätter wird folgende Partnerübung durchgeführt. Ein Partner sitzt, der andere steht dahinter. Er legt seine Hände auf die Schulterblätter des Partners und kontrolliert deren Lage.

Sitzen Sie nun bitte einmal in der krummen Haltung. Spüren Sie einmal, in welcher Lage sich Schultern und Schulterblätter befinden; nehmen Sie nun im Unterschied dazu die wirbelsäulenfreundliche Aufrechthaltung ein und vergleichen Sie die Empfindung des Schultergürtels.

Sie sitzen in der natürlichen Aufrechthaltung und

- *ziehen nun die Schultern langsam hoch in Richtung zu den Ohren. Senken Sie die Schultern wieder und spüren Sie nun, daß der Schultergürtel entspannt ist und die Arme schwer neben dem Körper hängen.*
- *Versuchen Sie während der folgenden Armhaltungen und -bewegungen den Schultergürtel in der mittleren Position zu halten:*
- *Spannen Sie zunächst die Schulterblätter in Richtung zum Kreuzbein an;*
- *heben Sie nun aus dieser Stellung einen Arm etwas nach vorn an; spannen Sie dabei die Schultern in Richtung zum Kreuzbein;*
- *heben Sie nun beide Arme etwas nach vorne an;*
- *nehmen Sie nun das Handtuch in beide Hände und heben Sie beide Arme wieder etwas nach vorne an; halten Sie die Schulterblätter in Richtung zum Kreuzbein angespannt;*
- *halten Sie diese Position der Schulterblätter und knoten Sie das Handtuch zweimal zum »Handtuchball«;*
- *werfen Sie nun einige Male den Handtuchball hoch.*

Partnerwechsel

Der Gruppenleiter demonstriert die Übungen und achtet darauf, daß die Teilnehmer während der Armhaltungen und -bewegungen die mittlere Schultergürtelposition beibehalten und gibt individuelle Rückmeldung und Hilfen.

Merksatz 3:
Spannen Sie Ihre Schulterblätter bei jeder Armbewegung in Richtung Kreuzbein!

Der Gruppenleiter fordert die Teilnehmer auf, in der folgenden Programmwoche die natürliche Aufrechthaltung möglichst oft durchzuführen.

3. Aufmerksamkeitslenkung

Zunächst berichten die Teilnehmer über die Erfahrungen mit den neuen Möglichkeiten zur Schmerzkontrolle, die sie sich in der letzten Stunde notiert haben.

- *Konnten Sie dies in der vergangenen Woche durchführen?*
- *Wie sind Sie damit zurechtgekommen?*
- *Lenkt Sie diese Tätigkeit von den Schmerzen ab?*

Hatten die Teilnehmer in der letzten Woche keine Schmerzen, sollen sie die erlernten Strategien zu einem späteren Zeitpunkt einsetzen und dann in der nachfolgenden Sitzung über ihre Erfahrungen sprechen.

Um die Bedeutung der Aufmerksamkeit für das Schmerzerleben stärker zu veranschaulichen, wird eine Übung durchgeführt:

Der Leiter bittet die Teilnehmer, sich wie bei den Entspannungsübungen hinzusetzen, aber erst noch die Augen offenzulassen. Dann gibt er die folgende Anleitung:

Nehmen Sie eine bequeme Sitzhaltung ein. Setzen Sie sich ganz entspannt hin, aber lassen Sie Ihre Augen offen. Lassen Sie Ihren Blick langsam schweifen und nehmen Sie wahr, was Sie sehen. Sagen Sie sich: Ich sehe … Seien Sie sich bewußt, daß Sie sehen und lassen Sie Ihren Blick noch etwas schweifen. Seien Sie sich immer bewußt, daß Sie sehen. Schließen Sie nun langsam Ihre Augen. – Was nehmen Sie nun wahr, wo ist Ihre Aufmerksamkeit? Seien Sie sich bewußt, was Sie wahrnehmen. Richten Sie Ihre Aufmerksamkeit nun auf das Gehör, was hören Sie? Sind Sie mit Ihrer Aufmerksamkeit draußen oder hier im Raum? Nehmen Sie wahr, seien Sie sich bewußt, wo Sie mit Ihrem Gehör sind. …

Versuchen Sie mit Ihrem Gehör zu wandern …

Versuchen Sie nun den Atem zu hören …

Haben Sie ihn auch schon vorher gehört?

Welchen Geschmack spüren Sie auf der Zunge? …

Wie fühlt sich Ihre rechte Hand an? Versuchen Sie sie zu spüren, wahrzunehmen. Was spüren Sie dort alles? …

Gehen Sie nun zu einer Stelle, an der Sie Schmerzen haben. Nehmen Sie die Schmerzen ganz bewußt wahr. … Haben Sie sie vorher auch so bemerkt?

Entspannen Sie sich nun wieder und achten Sie auf Ihren Atem, – wie Sie langsam und ruhig atmen, schauen Sie einfach nur zu, wie Sie atmen, … ganz von allein, ohne daß Sie etwas dazu tun müssen …

Geht Ihre Aufmerksamkeit ohne Ihr Zutun weiter?

Wohin? Registrieren Sie dies einfach …

Öffnen Sie langsam wieder die Augen und sehen Sie wieder. Seien Sie wieder wach und frisch und bewegen Sie sich.

Runde nach der Übung

Anschließend an die Übung berichten einige Teilnehmer, was sie an ihrer Aufmerksamkeit wahrgenommen haben. Dabei sind die Erfahrungen hervorzuheben, daß vorher nicht wahrgenommene Sinneseindrücke plötzlich bewußt wurden.

Wie war es dabei mit den Schmerzen?

Den Gruppenmitgliedern soll mit dieser Übung veranschaulicht werden, daß unsere Aufmerksamkeit wie ein Scheinwerfer arbeitet, der ganz bestimmte Eindrücke beleuchtet, andere im Dunkeln läßt (Selektivität der Aufmerksamkeit).

4. Rolle der Aufmerksamkeit beim Schmerzerleben

30

Im folgenden erläutert der Gruppenleiter die Rolle der Aufmerksamkeit für die Wahrnehmung von Schmerzen. Er verweist auf die folgenden Unterlagen aus dem Patientenbuch und bespricht diese mit den Teilnehmern:

- »Die Wirkung der Ablenkung« (Bild Fakir)
- »Arbeitsweise der Aufmerksamkeit«
- »Die Wirkung der Ablenkung« (Eiswasser)

Die **Folie 14** zu Abbildung 3.3 »Die Wirkung der Ablenkung 1« wird aufgelegt.

Es gibt Menschen, die in jahrelanger Übung gelernt haben, willentlich Schmerzen so stark unter Kontrolle zu bekommen, daß sie anscheinend überhaupt keine Schmerzen mehr spüren. Fakire erreichen dies durch eine extreme Kontrolle ihrer Aufmerksamkeit. – Selbstverständlich werden Sie im Rahmen des Kurses nicht zum Fakir ausgebildet, aber die Methode der bewußten Ablenkung der Aufmerksamkeit vom Schmerzgeschehen können Sie üben.

14

Abb. 3.3

Es wird die **Folie 15** zu Abbildung 3.4 »Arbeitsweise der Aufmerksamkeit« betrachtet.

Welche Rolle spielt die Aufmerksamkeit für das Schmerzerleben?

Als Aufmerksamkeit bezeichnen wir die aktive Bevorzugung eines Bereichs unserer Wahrnehmung, der dann genauer arbeitet und oft Zusammenhänge mit anderen bewußten Leistungen wie Erinnerungen, Denken und Phantasie herstellt. Wie ein Scheinwerfer kann die Aufmerksamkeit ganz bestimmte Sinneswahrnehmungen, aber auch Bewußtseinsvorgänge, besonders deutlich hervorheben und andere in den Hintergrund treten lassen.

Wir können manchmal unsere Aufmerksamkeit so intensiv auf etwas richten, daß wir kaum noch auf Reize in unserer Umgebung achten, die nichts mit dem uns gerade interessierenden Gebiet zu tun haben. Damit irgendwelche Reize uns dann noch ablenken können, müssen sie entweder besonders stark sein oder besonders wichtig.

So kann beispielsweise ein Ehemann, der beim Frühstück Zeitung liest, so »vertieft« sein, das heißt seine Aufmerksamkeit kann so intensiv auf einen Artikel gerichtet sein, daß er überhaupt nicht mehr wahrnimmt, was seine Ehefrau zu ihm sagt. Vielleicht reagiert er erst, wenn die Ehefrau mehrmals laut seinen Namen ruft, oder wenn die Kinder lautstark zanken.

Wenn wir Schmerzen haben, sind die damit verbundenen Reize in der Regel so stark, daß sie geradezu wie eine Alarmglocke in das Zentrum der Aufmerksamkeit vordringen. Dies gilt besonders dann, wenn wir die Dinge auf uns zukommen lassen, das heißt wenn unsere Aufmerksamkeit gerade nicht intensiv auf etwas anderes gerichtet ist.

Bei chronischem Schmerz beansprucht der Schmerz oft unsere ganze Aufmerksamkeit und läßt uns manche Dinge gar nicht mehr wahrnehmen. Die Aufmerksamkeit wird durch leichteste Mißempfindungen bereits dahin gelenkt, wo sich Anzeichen beginnenden Schmerzes bemerkbar machen. Der »Aufmerksamkeitsscheinwerfer« »rostet fest«, so daß er nur in die eine Richtung, nur auf den Schmerz scheinen kann. Unser Leben besteht dann aus Schmerz.

Ist der Scheinwerfer dagegen beweglich, so stehen andere, angenehmere Dinge auch einmal »im Licht«. Der Schmerz tritt in den Schatten; er wird weniger wahrgenommen.

So wird oft die Erfahrung beschrieben, daß während einer Phase körperlicher Anstrengung verbunden mit gerichteter Aufmerksamkeit, etwa beim Sport oder bei Garten- und Hausarbeit, Verletzungen erst bemerkt werden, wenn man sich anschließend ausruhen kann. Man sieht blaue Flecken oder verkrustetes Blut und kann sich gar nicht mehr genau erinnern, wie es dazu kam. Dieselbe Art von Verletzung könnte sich unter anderen Umständen durch starke Schmerzen bemerkbar gemacht haben, nämlich dann, wenn die Aufmerksamkeit nicht auf andere, erholsame oder interessante Dinge gerichtet worden wäre. Dazu möchte ich Ihnen abschließend noch ein Ergebnis aus einer wissenschaftlichen Untersuchung zeigen.

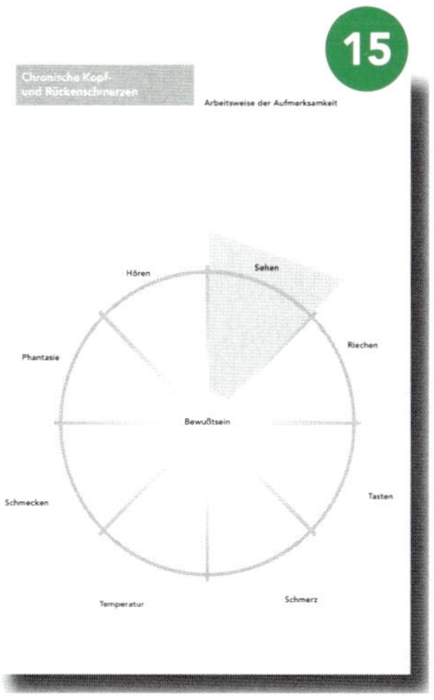

Abb. 3.4

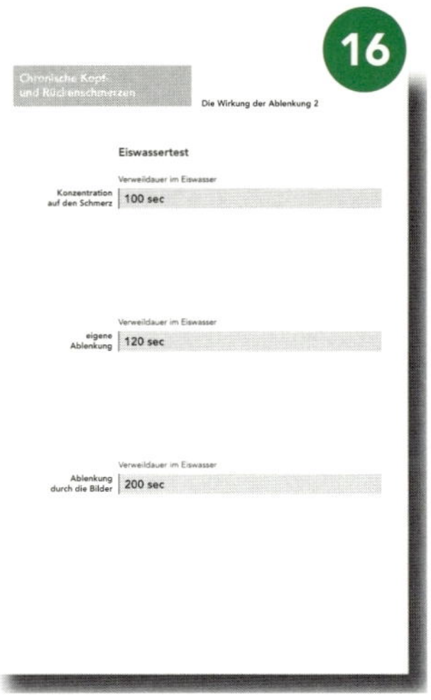

Abb. 3.5

Die **Folie 16** zu Abbildung 3.5 »Die Wirkung der Ablenkung 2« wird aufgelegt.

In dieser Untersuchung hatten Personen die Aufgabe, die Hand so lange in einen Eiswasserkübel zu tauchen, bis der entstehende Kälteschmerz unerträglich wurde. Wenn die Personen gebeten wurden, sich auf den Kälteschmerz zu konzentrieren, so konnten sie den Kälteschmerz durchschnittlich nur etwa 1 Minute und 40 Sekunden aushalten. Die zweite Säule stellt dar, wie lange Personen die Hand im Wasser ließen, die nur gebeten wurden, die Hand solange es geht im Eiswasser zu lassen. Es war Ihnen etwa 20 Sekunden länger als der ersten Gruppe möglich. Schließlich ist dargestellt (Gruppenleiter: bitte zeigen), *wie lange es Personen aushalten, denen während des Versuchs ablenkende Dias gezeigt wurden. Sie sehen, daß durchschnittlich erst nach über 3 Minuten der Kälteschmerz als unerträglich empfunden wurde, die Versuchspersonen also den Kälteschmerz doppelt so lange aushalten konnten, wie Personen, die sich auf den Schmerz konzentrierten.*

Für eine aktive Schmerzkontrolle ist es sehr wichtig, den »Aufmerksamkeits-Scheinwerfer« zu »ölen«, um anderen Dingen als dem Schmerz wieder mehr Raum in unserem Leben zu geben. Hiermit werden wir uns in der nächsten Sitzung weiter beschäftigen.«

5. Aktiver Bewegungsausgleich

5

Der Gruppenleiter fordert die Teilnehmer auf, ihren aktiven Bewegungsausgleich durchzuführen.

6. Entspannung (Langform)

45

Die Sitzung wird mit einer gemeinsamen Entspannungsübung abgeschlossen. Vorher befragt der Gruppenleiter die Teilnehmer nach ihren Erfahrungen mit der täglichen Entspannungsübung.

- *Welche positiven Auswirkungen der regelmäßigen Entspannungsübungen haben Sie schon festgestellt?*
- *Welche Schwierigkeiten bestehen noch bei der Durchführung der Übungen?*
- *Wie wirken sich die Übungen auf Ihre Schmerzen aus?*

Durchführung der Übung wie in der 1. und 2. Sitzung.

Die Teilnehmer sollen die Übung auch in der nächsten Woche wieder regelmäßig durchführen.

7. Hausaufgaben

- täglich Langform der Entspannung nach CD üben,
- aktiven Bewegungsausgleich weiterhin praktizieren,
- natürliche Aufrechthaltung möglichst oft durchführen,
- Schmerztagebuch II führen.

4. Sitzung
Angenehmes Erleben im Alltag

Materialien:

Gruppenleiter
- Entspannungstext (Kurzform)
- Anwesenheitsliste
- Overhead-Folien 17 und 18

Teilnehmer
- Patientenbuch: Arbeitsblatt »Meine großen und kleinen Freuden im Alltag«
- zwei Handtücher

Praxis
- evtl. CD-Spieler
- Overhead-Projektor
- Leinwand

Ziele der Sitzung:

→ Die Teilnehmer lernen das Konzept der Beinachsen kennen und führen Rumpfbewegungen unter Beibehaltung der Aufrechthaltung und Berücksichtigung der Beinachsen aus.
→ Sie lernen, sich unter Berücksichtigung der Aufrechthaltung zu bewegen.
→ Sie lenken ihre Aufmerksamkeit auf Situationen, in denen sie sich wohlfühlen, und erkennen Quellen des Wohlbefindens in ihrem Alltag.
→ Sie erlernen eine Kurzform der Entspannungsübung und finden ein Ruhewort für sich.

Überblick über die Sitzung:

1. Begrüßung
2. Rückenschule III: Beinachsen und Rumpfbewegungen; Aufstehen, Hinsetzen, Stehen
3. Förderung der Lebensqualität I: »Was habe ich in den letzten 24 Stunden Angenehmes erlebt?«
4. Aktiver Bewegungsausgleich
5. Progressive Muskelentspannung: Einführung der Kurzform und des Ruheworts
6. Hausaufgaben

1. Begrüßung

Zu Beginn der Gruppensitzung begrüßt der Leiter die Teilnehmer, erkundigt sich nach fehlenden Mitgliedern und gibt einen kurzen Überblick über die Themen der jeweiligen Gruppensitzung.

2. Rückenschule III

Der Gruppenleiter erkundigt sich bei den Teilnehmern, inwieweit die natürliche Aufrechthaltung ausgeführt wurde:

- *Wurden Sie sich in der vergangenen Woche öfter im Tagesablauf ihrer Becken, Brustkorb- und Kopfstellung bewußt?*
- *War es Ihnen möglich, die wirbelsäulenfreundliche Haltung einzunehmen? Wenn nein: Welche Hindernisse oder Schwierigkeiten gab es?*
- *Konnten Sie die Haltung ohne besonderen Kraftaufwand eine Zeitlang halten?*
- *Haben Sie noch Fragen zu den Elementen des Haltungsaufbaus?*

Gehen Sie nun bitte in Gedanken die einzelnen Korrekturschritte durch und überprüfen Sie Ihre momentane Haltung daraufhin. Verbessern Sie diese, falls es nötig ist. Ich werde Ihnen helfen, falls bei einem der Schritte Schwierigkeiten auftauchen sollten.

Haltungsaufbau: Beinachsen und Rumpfbewegungen

Der Gruppenleiter erläutert das Konzept der Beinachsen in Kombination mit der erlernten Aufrechthaltung.

Setzen Sie sich auf einen Stuhl, die Beine sind etwas abgespreizt; stellen Sie die Füße so auf, daß die Fußspitzen in Verlängerung des Oberschenkels gerade hinter dem Knie zu sehen sind.

Ich möchte Ihnen nun den Begriff der Beinachse erläutern. Als Beinachse bezeichnen wir eine gedachte Linie, die durch die Mitte des Hüftgelenks, des Oberschenkels, des Knies, des Unterschenkels, des Sprunggelenks und des Fußes verläuft. Sie finden diese Linie für jedes Bein, wenn Sie aus der aufrechten Sitzhaltung auf Ihre angebeugten, abgespreizt aufgestellten Beine schauen. Die genannten Punkte sollten dann in einer Linie liegen. Da die Beine leicht abgespreizt aufgestellt sind, weisen die Beinachsen nach außen.

Wenn die jeweilige Beinstellung mit den korrekt ausgerichteten Beinachsen übereinstimmt, dann ist die Belastung, die auf Fuß-, Knie- und Hüftgelenk wirkt, gleichmäßig verteilt und daher günstig. Das Becken kann relativ leicht in die natürliche Aufrechthaltung kommen.

Beachten Sie nun noch einmal die Beinachsen und kontrollieren Sie jetzt auch die anderen Korrekturschritte, die zur natürlichen Aufrechthaltung gehören.

Sie haben nun erstmalig die vollständige natürliche Aufrechthaltung unter Berücksichtigung der Beinachsen eingenommen.

Beachten Sie dabei immer die bereits gelernten Merksätze:

Merksatz 1:
Grundlage für Ihre natürliche Aufrechthaltung ist eine Beckenkippung!

Merksatz 2:
Richten Sie Ihren Brustkorb immer nach vorn oben auf!

Merksatz 3:
Spannen Sie Ihre Schulterblätter bei jeder Armbewegung in Richtung Kreuzbein!

Um nun im Alltag die Wirbelsäule nicht ungünstig zu belasten, ist es nötig, daß die Wirbelsäule gestreckt bleibt und die Bewegungen des Rumpfs im Hüftgelenk durch Vor- und Zurückbeugen ausgeführt werden.

Sie können sich diese Bewegung wie bei einem Stehaufmännchen vorstellen.

- *Legen Sie nun eine Hand mit dem kleinen Finger auf den Bauchnabel, mit dem Daumen auf die Brustbeinspitze, die andere Hand mit dem kleinen Finger ans Schambein und mit dem Daumen an den Bauchnabel. Die Abstände zwischen Daumen und kleinem Finger dürfen sich nun bei den folgenden Bewegungen des Rumpfes nicht verändern. Oder legen Sie eine Hand auf die Lendenwirbelsäule, die andere auf den Bauch. Auch hier darf keine Bewegung entstehen.*
- *Neigen Sie den Rumpf abwechselnd etwas nach vorn und kehren Sie wieder in die Ausgangsstellung zurück.*
- *Beobachten Sie bei den weiteren Bewegungen auch die Beinachsen. Die Knie dürfen sich vor- und zurückbewegen, sie sollen jedoch nicht nach innen oder außen ausweichen.*
- *Führen Sie nun die gleiche Rumpfbewegung etwas größer aus, aber nur so weit, daß die Wirbelsäule nicht mitgebeugt wird.*
- *Lassen Sie während der Bewegung die Arme neben dem Körper hängen und beachten Sie wieder die Schultergürtelkontrolle.*
- *Strecken Sie abschließend während der Rumpfbewegung die Arme nach vorn aus.*
- *Zu Hause können Sie die Rumpfbewegungen auch gut seitlich vor einem Spiegel sitzend üben.*

Der Gruppenleiter gibt jedem Teilnehmer Rückmeldung und korrigiert, falls nötig, die Haltung.

Haltungsschulung: Bewegungen aus der erarbeiteten Position

Der Gruppenleiter gibt Erläuterungen und demonstriert das Konzept des ***Bewegungssektors*** und des dadurch begrenzten günstigen Bewegungsspielraums für ***Rumpfbewegungen beim Aufstehen, Hinsetzen und im Stand.***

17

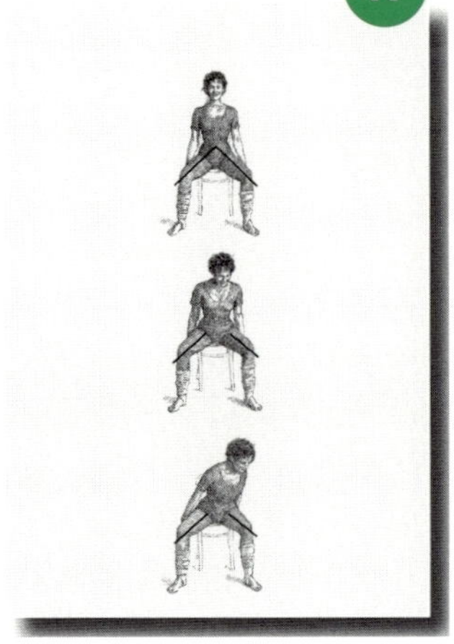

Abb. 4.1

Nehmen Sie nun bitte wieder bewußt die natürliche Aufrechthaltung unter Beachtung der Beinachsen ein.

Der Gruppenleiter erläutert anhand der **Folie 17** (Abbildung 4.1 »Möglicher Bewegungssektor«).

Die beiden abgespreizt aufgestellten Beine begrenzen durch ihre korrekten Beinachsen nun den V-förmigen, sogenannten Bewegungssektor des Rumpfs. Bewegungen des Rumpfs sollten so durchgeführt werden, daß sie innerhalb des Bewegungssektors erfolgen. Bewegungen, die außerhalb dieses Sektors (z.B. bei extremen Verdrehungen) ausgeführt werden, sind sehr belastend für die Wirbelsäule, für die Bandscheiben und Zwischenwirbelgelenke.

Wenn Sie sich nun weiter nach links oder rechts über die gedachten Begrenzungen des Bewegungssektors hinaus bewegen müßten, um beispielsweise einen Gegenstand vom Sitzen aus zu erreichen, so soll zuerst der Bewegungssektor verschoben werden, dann erst der Rumpf. Sie können sich den Bewegungssektor der Beine wie einen Scheinwerferkegel vorstellen, der immer zuerst in die Richtung zeigen soll, in die der Rumpf bewegt werden soll.

- *Neigen Sie nun den Rumpf nach vorn und wieder zurück in die Ausgangsstellung. Wiederholen Sie diese Bewegungen nun einige Male und versuchen Sie dabei, viele verschiedene Bewegungsrichtungen innerhalb des Beinsektors zu berücksichtigen. Drehen Sie sich zuerst in die beabsichtigte Richtung und neigen Sie erst anschließend den Oberkörper.*
- *Stellen Sie sich jetzt vor, auf einem Tischchen links neben Ihnen stehe eine Flasche Sprudel und ein Glas, das Sie auf eine gedachte Arbeitsfläche vor Ihnen holen möchten. Bewegen Sie dazu also die Beine soweit nach links, daß Ihre Rumpfbewegung innerhalb der Bewegungssektors erfolgen kann. Senken Sie den Rumpf ab, greifen Sie unter Beachtung der Schultergürtelkontrolle nach Flasche und Glas und richten Sie sich wieder auf.*

18

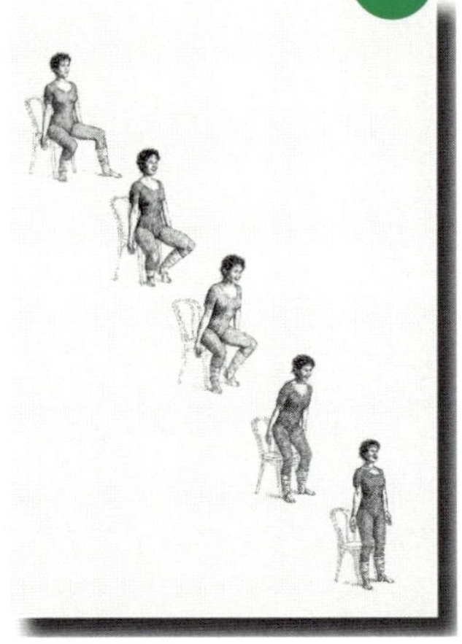

Abb. 4.2

Aufstehen und Hinsetzen

Der Gruppenleiter veranschaulicht mit der **Folie 18** zu Abbildung 4.2 das »Aufstehen in natürlicher Aufrechthaltung«.

Nehmen Sie nun wieder bewußt die natürliche Aufrechthaltung ein. Achten Sie beim Aufstehen besonders auf die Beinachsen.

- *Beugen Sie nun die Knie, und ziehen Sie die Füße weiter an, bis die Füße knapp vor der Sitzfläche aufstehen. Neigen Sie nun den Rumpf nach vorn, bis sich Ihr Gesäß leicht von der Sitzfläche abhebt. Setzen Sie sich anschließend wieder aufrecht zurück. Beachten Sie dabei, daß der Rumpf in sich aufgerichtet nach vorn gebeugt werden soll.*

- *Wiederholen Sie diese Bewegung und kommen Sie dabei zum Stand.*
- *Setzen Sie sich nun wieder hin, indem Sie den Bewegungsablauf in umgekehrter Reihenfolge ausführen.*
- *Wiederholen Sie nun das wirbelsäulengünstige Aufstehen und Hinsetzen einige Male.*

Natürliche Aufrechthaltung im Stehen

Nehmen Sie bitte wieder die natürliche Aufrechthaltung ein.

- *Die Beine stehen etwa hüftbreit auseinander, die Fußspitzen zeigen leicht nach außen; die Beinachsen sind richtig ausgerichtet, das heißt Hüftgelenk, Kniegelenk und Sprunggelenk liegen senkrecht übereinander;*
- *das Becken ist leicht nach vorn gekippt;*
- *der Brustkorb ist aufgerichtet, dabei ist der Bauch weit, wird aber nicht zusätzlich nach vorn geschoben;*
- *der Kopf wird in Verlängerung der Wirbelsäule gehalten, dabei ist der Nacken lang;*
- *der Schultergürtel liegt in der mittleren Position auf dem Brustkorb auf, wobei die Schulterblätter zum Kreuzbein gespannt werden.*
- *Versuchen Sie nun, die natürliche Aufrechthaltung im Stehen zu halten und möglichst unverkrampft zu gehen, dabei schwingen die Arme locker mit.*

Prägen Sie sich bitte die folgenden Merksätze gut ein:

Merksatz 4:
Nehmen Sie bei allen Bewegungen im Alltag die natürliche Aufrechthaltung ein!

und

Merksatz 5:
Bewegen Sie Ihren Rumpf immer innerhalb des Bewegungssektors!

Achten Sie auch beim Treppensteigen auf das Beibehalten der Beinachsen (d.h. die Knie gehen beim Anbeugen der Beine nach außen)!

3. Förderung der Lebensqualität I

In der letzten Sitzung haben wir uns mit der Rolle der Aufmerksamkeit beim Schmerzerleben beschäftigt. Heute wollen wir unsere Aufmerksamkeit gezielt auf positive Dinge in unserem Leben richten, die neben dem Schmerz vorhanden sind.

Der Schmerz ist für viele wie ein Krake, der mit seinen langen Armen alles, was im Umkreis liegt, an sich zu reißen und zu erdrücken versucht. Schmerzen tun anfangs vielleicht nur weh, aber dann beherrschen sie mehr und mehr Gefühle und Gedanken und gewinnen Einfluß auf viele Bereiche des Lebens, beispielsweise auf die Freizeitaktivitäten und auf Kontakte und Geselligkeit. Die Folge ist häufig, daß sich Patienten mit chronischen Schmerzen auf sich selbst oder ihren engsten Familienkreis zurückziehen, Kontakte zu Freunden, Bekannten und Nachbarn nach und nach einschlafen lassen, an ihren Hobbys und Freizeitbeschäftigungen allmählich die Lust verlieren; kurz: der Krake »Schmerz« ergreift und erstickt mehr und mehr die Dinge, die dem Patienten Spaß und Freude bereitet haben, und beansprucht immer mehr Platz im Leben des Patienten. Dagegen wollen wir im Rahmen dieses Kurses etwas unternehmen. Wir wollen versuchen, den Einflußbereich des Schmerzkraken zu begrenzen und Möglichkeiten für positives Erleben, für Spaß, Freude und Genuß trotz des Schmerzes und deben ihm zu entdecken.

Nach dieser Einführung wird die Aufmerksamkeit der Teilnehmer gezielt auf eigenes positives Verhalten und Erleben gelenkt.

Was habe ich in den letzten 24 Stunden Angenehmes erlebt?

Der Gruppenleiter bittet die Teilnehmer, sich jeder für sich Zeit zu nehmen, um in Ruhe über diese Frage nachzudenken. Nach einigen Minuten bittet er die Teilnehmer, ihre angenehmen Erlebnisse zu schildern. Dabei ist darauf zu achten, daß wirklich über angenehme Situationen und Aktivitäten gesprochen wird und dieses Gruppengespräch nicht in Richtung »Schmerz« abrutscht. Sollte dies doch geschehen, dann sollen die Teilnehmer darauf aufmerksam gemacht werden, daß »der Schmerzkrake gerade im Moment wieder zugreift«.

Der bewußten und gezielten Hinwendung zu Möglichkeiten positiven Erlebens und Verhaltens dient auch die **Hausaufgabe**, die darin besteht, daß die Teilnehmer in der kommenden Woche darauf achten und notieren sollen, was ihnen in ihrem Alltag Freude macht. Damit sind nicht nur besondere, herausragende Ereignisse und Unternehmungen gemeint, sondern gerade auch kleinere, ganz alltägliche Tätigkeiten und Begebenheiten. Hierbei orientieren sich die Teilnehmer an dem Arbeitsblatt »Meine großen und kleinen Freuden im Alltag« (Abb. 4.3), das ihnen von dem Gruppenleiter ausgehändigt wird.

Chronische Kopf- und Rückenschmerzen

Meine großen und kleinen Freuden im Alltag

Bitte achten Sie in den kommenden Tagen einmal ganz bewußt auf schöne Dinge in Ihrem Alltag. Darauf, was Ihnen Freude macht, was Sie als angenehm empfinden und genießen können.

Das können besondere Ereignisse sein, wie etwa der Besuch guter Freunde oder zum Beispiel ein Theaterbesuch. Wichtiger aber noch sind die ganz alltäglichen kleinen Freuden, wie zum Beispiel das angenehme Gefühl auf der Haut nach der morgendlichen Dusche oder ein schöner Sonnenuntergang, den Sie beobachtet haben, oder der angenehme Geruch von frisch gemahlenem Kaffee.

Bitte nehmen Sie sich jeden Tag ein paar Minuten Zeit – am besten nach Ihrer täglichen Entspannungsübung –, um sich zu vergegenwärtigen, was Sie an diesem Tag als angenehm erlebt haben. Machen Sie sich dazu auf diesem Bogen einige Notizen.

Tag	Heute war angenehm …

Abb. 4.3

4. Aktiver Bewegungsausgleich

Der Gruppenleiter fordert die Teilnehmer auf, ihren aktiven Bewegungsausgleich durchzuführen.

5. Progressive Muskelentspannung: Einführung der Kurzform und des Ruheworts

Die Teilnehmer berichten über ihre Erfahrungen mit der Entspannung anhand der folgenden Fragen:

- *Welche Fortschritte haben Sie in der letzten Woche mit der Entspannung gemacht?*
- *Welche Schwierigkeiten bestehen noch?*

Einführung der Kurzform

Nach nunmehr drei Übungswochen beherrschen die meisten Teilnehmer die Methode so gut, daß mit einer Verkürzung der Übung begonnen werden kann. Zu diesem Zweck werden nun einzelne Muskeln zu Gruppen zusammengefaßt, die dann gemeinsam zunächst angespannt und anschließend entspannt werden. Wir schlagen vor, die Übung gleich auf vier Muskelgruppen zu verkürzen, und zwar werden zu je einer Muskelgruppe zusammengefaßt:

- beide Arme,
- Gesicht,
- Oberkörper,
- beide Beine.

Die Teilnehmer sollten die Anspannung dieser Muskelgruppen wieder zunächst in einer Vorübung ausprobieren. Hierbei ist darauf zu achten, daß die Anspannung nicht zu stark erfolgt und die Muskeln nicht verkrampfen. Der Gruppenleiter weist darauf hin, daß mit der Verkürzung der Übung zunächst das erreichte Entspannungsgefühl schwächer werden kann, daß aber die Verkürzung ein wichtiger Zwischenschritt auf dem Wege zur angestrebten Anwendung der Entspannung im Alltag ist. Der Gruppenleiter erinnert daran, daß es wichtig ist, bei sich entwickelnden Schmerzen die Entspannung zu einem möglichst frühen Zeitpunkt der Schmerzentstehung einzusetzen und nicht erst, wenn die Schmerzen stark sind und die Wirkung der Entspannung erschweren.

Teilnehmer, die noch Schwierigkeiten mit der Langform haben, müssen nicht von der verkürzten Übung ausgeschlossen werden. Möglicherweise überfordert die lange Version ihre Konzentration, und sie profitieren eher von der Kurzform. Als zweite Anleitung auf der CD befindet sich die verkürzte Instruktion, nach der die Teilnehmer in Zukunft täglich üben sollen.

Einführung des Ruheworts in der Entspannung

Der Leiter verweist auf die Materialien zur ersten Sitzung im Patientenhandbuch. In dem Kapitel »Entspannung – der erste Schritt zum Wohlbefinden« ist dort bereits auf den Nutzen des Ruheworts in der Entspannung eingegangen worden.

Nun wählt sich jeder Teilnehmer ein individuelles Ruhewort, in dem in kurzer und prägnanter Form subjektive Anzeichen der Entspannung angesprochen werden, also zum Beispiel »Ruhe« oder »Ganz Ruhig«, »Ich bin ganz ruhig«, »angenehm schwer« oder »tiefer und tiefer« oder »loslassen« und so weiter. Dieses Ruhewort wird jeweils beim Ausatmen und Loslassen der Anspannung innerlich mitgesprochen. Die Auswahl des Ruhewortes sollte dem einzelnen Teilnehmer überlassen bleiben, der damit die Möglichkeit erhält, sein individuelles, vorherrschendes Entspannungsgefühl zum Ausdruck zu bringen. Allerdings sollte der Gruppenleiter sich das Ruhewort nennen lassen, um dessen Zweckmäßigkeit zu überprüfen. Teilnehmer, denen es schwerfällt, ein Ruhewort zu finden, können vom Leiter zu einer allgemeinen Beschreibung ihres Entspannungserlebnisses aufgefordert werden, aus der dann ein Ruhewort erarbeitet werden kann. Durch die Verwendung des Ruhewortes wird allgemein die Konzentration auf die Übung gefördert und die Aufmerksamkeit gezielt auf Entspannungsempfindungen gelenkt, wodurch – vergleichbar den Formeln des Autogenen Trainings – eine autosuggestive Vertiefung der Entspannung erfolgt. Außerdem wird mit dem Ruhewort die Entspannungsreaktion assoziativ verbunden, was die Anwendung der Entspannung in unterschiedlichsten Alltagssituationen erleichtert. Wenn jeder Teilnehmer ein solches – eventuell erst einmal vorläufiges – Ruhewort gefunden hat, wird dessen Einsatz in der anschließenden Entspannungsübung erprobt.

Durchführung der Entspannungsübung

Der Leiter verwendet die Instruktion der Kurzform (s. nächste Seite). Zur Haltungsstützung sollen wiederum die Handtücher verwendet werden. In der kommenden Woche sollen die Teilnehmer diese Kurzform der Entspannungsübung täglich mit Hilfe ihres Ruheworts durchführen.

6. Hausaufgaben

- auf angenehme Erlebnisse im Alltag achten und diese aufschreiben,
- Entspannung (Kurzform) mit Ruhewort nach der CD üben,
- natürliche Aufrechthaltung im Stehen sowie Aufstehen und Hinsetzen aus der natürlichen Aufrechthaltung üben,
- weiterhin aktiven Bewegungsausgleich praktizieren,
- Schmerztagebuch II führen.

Instruktion zur Progressiven Muskelentspannung (Kurzform)

Nehmen Sie eine möglichst bequeme Haltung ein und stellen Sie sich darauf ein, daß Sie sich entspannen.

Atmen Sie einige Male tief ein und dann langsam wieder aus. Achten Sie darauf, wie sich beim Einatmen Ihre Bauchdecke hebt und beim Ausatmen wieder senkt.

Wir beginnen nun mit den Übungen. Achten Sie dabei bitte ganz aufmerksam auf Ihre Empfindungen bei der Anspannung und der anschließenden Entspannung der Muskeln. Es kommt nicht darauf an, die Muskeln stark anzuspannen, sondern nur darauf, daß Sie die Unterschiede zwischen Anspannung und Entspannung deutlich bemerken. Es dürfen auch keine Schmerzen oder Verkrampfungen beim Anspannen der Muskeln entstehen, lassen Sie diese Muskeln dann einfach aus.

Bitte spannen Sie Ihre Muskeln immer erst an, wenn ich »jetzt« sage.

*Als erstes spannen wir beide **Hände, Unterarme und Oberarme** gleichzeitig an, – jetzt. – Halten Sie die Spannung einen Moment, – und mit dem nächsten Ausatmen lassen Sie die Spannung wieder los und entspannen.*

Achten Sie auf das Nachlassen der Spannung und spüren Sie den Unterschied zwischen der Anspannung und der nun langsam eintretenden Entspannung.

Nehmen Sie wahr, wie sich ganz langsam ein Gefühl von Entspannung einstellt. Spüren Sie, wie die Entspannung sich allmählich in beiden Armen ausbreitet, – bis in die Hände – und Finger.

Wir lassen die Arme ganz entspannt und ruhig und richten unsere Aufmerksamkeit nun auf das Gesicht.

*Spannen Sie die Muskeln in **Stirn, Augen, Nase, Lippen, Kiefer und Hals** gleichzeitig an, – jetzt. – Spüren Sie die Anspannung, – und beim nächsten Ausatmen entspannen Sie das Gesicht wieder.*

Lassen Sie mit dem Ausatmen alle Spannung weichen; glätten Sie die Stirn; lassen Sie die Muskeln um die Augen weit werden, die Nasenflügel locker, Wangen- und Kiefermuskulatur entspannen und die Lippenmuskeln ganz locker.

Beobachten Sie wieder den Unterschied zwischen der Anspannung vorher und der Entspannung jetzt. Lassen Sie die Muskeln im Gesicht mit jedem Ausatmen immer noch lockerer werden, mehr und mehr entspannt.

Als nächstes spannen wir die Muskeln in ***Schultern, Rücken und Bauch*** *gleichzeitig an. Ziehen Sie die Schultern nach hinten, bilden Sie ein leichtes Hohlkreuz und spannen den Bauch leicht an, – jetzt. – Spüren Sie das Gefühl von Anspannung im gesamten Oberkörper, – und mit dem nächsten Ausatmen lassen Sie die Spannung wieder los und entspannen. Lassen Sie die Schultern so tief wie möglich sinken, – die Bauchdecke locker und entspannt werden und den Rücken bequem angelehnt.*

Folgen Sie dem Gefühl von Entspannung, lassen Sie es mit jedem Atemzug tiefer werden und tiefer; lassen Sie die Entspannung von den Schultern die Wirbelsäule hinabfließen, den ganzen Rücken hinunter.

Wir machen jetzt weiter mit den Beinen. Spannen Sie ***beide Füße, die Beine und das Gesäß*** *zusammen an, – jetzt. – Halten Sie die Spannung einen Moment, – und beim nächsten Ausatmen lassen Sie wieder los und entspannen.*

Achten Sie auf das angenehme Gefühl der Entspannung, das sich allmählich im Gesäß einstellt, – in den Beinen ausbreitet, – in den Oberschenkeln, – in den Unterschenkeln, – in den Füßen, – bis in die Zehenspitzen. – Folgen Sie der Entspannung und lassen Sie sie mit jedem Ausatmen tiefer werden und tiefer.

Überlassen Sie sich nun ganz dem angenehmen Gefühl der Entspannung, und lassen Sie es überfließen auf den ganzen Körper: – in die Arme und Hände, – bis in die Finger, – in das Gesicht, – in Hals und Nacken, – in die Schultern, – den ganzen Rücken hinunter, – in den Bauch, – in die Beine, – bis in die Füße, – bis in die Zehenspitzen hinein.

Lassen Sie die Entspannung mit jedem Ausatmen immer noch tiefer werden und tiefer. Beobachten Sie nun einfach Ihren Atem oder sprechen Sie innerlich Ihr ***»Ruhewort«*** *mit, und gehen Sie mit jedem Ausatmen ein Stück tiefer in die Entspannung hinein und tiefer.*

Genießen Sie dieses wohlige und angenehme Gefühl tiefer Entspannung noch einige Minuten. Versuchen Sie sich dieses Gefühl einzuprägen, um sich im Laufe des Tages daran zu erinnern, es zurückzurufen und angenehm zu spüren, in all Ihren Muskeln.

– ca. 4 Minuten Entspannung –

Sagen Sie sich nun, daß Sie die Übung allmählich beenden. Ballen Sie ihre Hände zu Fäusten, winkeln Sie die Ellenbogen an und strecken und räkeln Sie sich. Atmen Sie tief durch – und öffnen Sie dann langsam die Augen.

5. Sitzung
Aktivitäten des täglichen Lebens

Materialien:

Gruppenleiter
- Entspannungstext (Kurzform)
- Anwesenheitsliste
- Overhead-Folien 19 und 20

Teilnehmer
- Patientenbuch: Arbeitsblatt »Ich nehme mir etwas Schönes vor«
- zwei Handtücher

Praxis
- evtl. CD-Spieler
- Overhead-Projektor
- Leinwand

Ziele der Sitzung:

- Die Teilnehmer lernen rückengerechtes Bücken und Wischen.
- Sie erfahren, wie Genuß und Lebensfreude im Alltag gefördert werden können.
- Sie setzen in ihrem Alltag genußvolle Aktivitäten bewußt zur Steigerung ihrer Lebensqualität ein.
- Sie lernen, sich mit Hilfe des Ruheworts weitgehend selbständig zu entspannen.

Überblick über die Sitzung:

1. Begrüßung
2. Rückenschule IV: Gehen, Bücken, Wischen
3. Förderung der Lebensqualität II
   Feedback: angenehmes Erleben im Alltag
   »Acht Regeln des Genießens«
   »Ich nehme mir etwas Schönes vor« – angenehme Aktivitäten planen
4. Aktiver Bewegungsausgleich
5. Durchführen einer Entspannungsübung (Kurzform)
6. Hausaufgaben

1. Begrüßung

Zu Beginn der Gruppensitzung begrüßt der Leiter die Teilnehmer, erkundigt sich nach fehlenden Mitgliedern und gibt einen kurzen Überblick über die Themen der jeweiligen Gruppensitzung.

2. Rückenschule IV

Der Gruppenleiter erkundigt sich bei den Teilnehmern, inwieweit die natürliche Aufrechthaltung ausgeführt wurde:

- *Wurden Sie sich in der vergangenen Woche öfter im Tagesablauf ihrer Beckenstellung bewußt?*
- *Sind Ihnen Situationen aufgefallen, in denen Sie die Beinachsen korrigieren mußten?*
- *War es Ihnen möglich, die wirbelsäulenfreundliche Haltung in Sitz und Stand einzunehmen und zu halten? Wenn nein: Welche Hindernisse oder Schwierigkeiten gab es?*
- *Konnten Sie aus dem Sitzen auch korrekte Rumpfbewegungen ausführen?*
- *Haben Sie noch Fragen zu den Elementen des Haltungsaufbaus?*
- *Haben Sie noch Fragen zu den Bewegungen?*

Gehen mit der richtigen Fußbelastung

Auch beim Gehen soll die Aufrechthaltung beachtet werden. Sie wird erleichtert, wenn die Füße analog der Beinachsen leicht mit der Spitze nach außen gesetzt werden. Folgende Instruktion wird gegeben:

- *Zuerst die Ferse aufsetzen,*
- *dann den Fuß über die Kleinzehenseite und*
- *erst anschließend über die Großzehenseite auflegen;*
- *dann wieder die Ferse lösen, ohne die Kniescheibe nach innen zu drehen,*
- *und zum Schluß den Großzehenballen vom Boden lösen.*

Insgesamt entspannt, aber aufgerichtet bleiben; Blickrichtung geradeaus richten.

Bückbewegung

Das Bücken muß in vielen verschiedenen Formen und Zusammenhängen täglich ausgeführt werden. Man bückt sich, um Gegenstände abzulegen, aufzuheben, umzulegen. Diese Gegenstände sind leicht oder schwer, klein oder groß.

Aber unabhängig von diesen äußeren Veränderungen ist die rückenfreundliche Ausführung des Bückens grundsätzlich immer gleich. Es spielt keine Rolle, ob wir uns dabei aus dem Sitzen oder aus dem Stehen bücken, immer wird der Bewegungssektor durch die Beinachse begrenzt. Genauso bleibt der Rumpf in sich aufgerichtet und die Rumpfbewegung erfolgt durch Beugen und Strecken der Hüftgelenke. Dies haben wir ja bereits im Sitzen geübt. Nun wollen wir es auf den Stand übertragen.

- *Stellen Sie sich vor Ihren Stuhl, die Beine stehen leicht abgespreizt, die Füße leicht nach außen. Stützen Sie sich nun mit den Händen auf die Sitzfläche.*
- *Beugen Sie leicht die Knie nach außen an.*
- *Bücken Sie sich zunächst falsch: Machen Sie nun einen »Buckel«, Sie merken, wie der Bauch dabei wieder ganz eng wird.*
- *Und nun bücken Sie sich richtig: Kippen Sie das Becken und richten Sie den Brustkorb auf, der Bauch ist weit, der Kopf wird in Verlängerung der Wirbelsäule gehalten, der Schultergürtel wird in der mittleren Position gehalten und die Beinachsen sind in sich gerade, die Knie gehen nach außen.*

Führen Sie diese Bewegungen abwechselnd ein paarmal aus, und richten Sie sich anschließend wieder auf.

- *Bücken Sie sich nun weiter nach unten ohne die Hilfe des Stuhls. Beugen Sie dabei gleichzeitig Knie und Hüftgelenke, so daß sich der Rumpf absenkt. Das Gesäß bleibt dabei oben, der Rumpf ist fast in der horizontalen Richtung ausgerichtet. Richten Sie sich nun wieder auf, indem Sie zuerst das Brustbein nach vorn/oben bewegen, dabei strecken sich gleichzeitig Knie und Hüftgelenke.*
- *Wiederholen Sie diese Bewegung.*
- *Führen Sie diese Bewegung nun auch zur Seite aus, bleiben Sie dabei aber innerhalb des durch die Beinachsen begrenzten Sektors.*

Um sich die korrigierte Haltung und Bewegungsausführung besser einprägen zu können, sollte der Teilnehmer nach der Korrektur einen Moment Zeit haben, sich das mit der veränderten Haltung verbundene Körpergefühl einzuprägen. Der Gruppenleiter weist darauf hin, daß die rückengerecht ausgeführten Alltagsbewegungen in den folgenden Sitzungen weiter geübt werden und ermuntert dazu, möglichst oft im Alltag auf die rückengerechte Durchführung des Bückens zu achten. Dabei sollen weiterhin die Merksätze 4 und 5 beachtet werden, die bereits eingeführt wurden. Diese werden noch einmal wiederholt:

Merksatz 4:
Nehmen Sie bei allen Bewegungen im Alltag die natürliche Aufrechthaltung ein!

sowie

Merksatz 5:
Bewegen Sie Ihren Rumpf immer innerhalb des Bewegungssektors!

Der Gruppenleiter führt abschließend den Merksatz 6 ein:

Merksatz 6:
Bücken Sie sich mit gespreizten Beinen und gebeugten Knien!

19

Abb. 5.1

Wischen

Die Bewegung des Wischens oder Putzens ist eine Kombination aus der Bückbewegung und zusätzlichen Arm- und/oder Rumpfbewegungen.

Sie kann sich auf verschiedenen Ebenen abspielen. Für uns ist das Wischen oder Putzen wichtig, das mit dem tieferen Bücken einhergeht, da insbesondere bei diesen Bewegungen oft wieder ungünstige Beugebewegungen der Wirbelsäule auftreten.

Die Teilnehmer betrachten die **Folie 19** zu der Abbildung 5.1 »Wischen«.

Stellen Sie sich nun vor, Sie wollen nur kurz einen Flecken vom Boden aufwischen.

- *Gehen Sie dazu am besten gleich aus der Schrittstellung in die Bückbewegung; Sie können sich dabei mit einer Hand auf dem Oberschenkel des vorderen Beins abstützen. Nehmen Sie den gedachten Lappen zum Wischen in die andere Hand.*
- *Die Beine müssen noch weniger Stützarbeit leisten, wenn Sie sich auf das hintere Bein knien.*
- *Die Rumpfbewegung soll nun hinzugenommen werden, so wie wir es eben bereits geübt haben:*
- *die natürliche Aufrechthaltung im Rücken bleibt erhalten, während Hüft- und Kniegelenke gebeugt werden; die Schulterblätter werden nach hinten/unten gezogen und die Bückbewegung findet nur innerhalb des Bewegungssektors statt, der durch die Beinachsen begrenzt wird. Die Beinstellung entspricht dabei den Beinachsen.*
- *Wenn Sie längere Zeit am Boden arbeiten wollen, beispielsweise auch im Garten, ist es günstig, sich auf ein Polster zu knien. Mit einer Hand können Sie sich zusätzlich auf dem Boden abstützen, während Sie mit der anderen arbeiten. Die Rumpfbewegung erfolgt wieder durch Hüftbeugung, die Schulterblätter werden in Richtung zum Kreuzbein gezogen, die Rumpfbewegung erfolgt nur innerhalb des Bewegungssektors, der durch die Beinachsen begrenzt ist, die Beinstellung ist nach den gedachten Beinachsen ausgerichtet.*

Abschließend soll noch ein kurzer Hinweis zu den Bewegungen gegeben werden, die über Schulterhöhe stattfinden, wie Staubwischen auf einem Schrank.

Bei dieser Bewegung stellt sich die korrekte Aufrechthaltung leichter ein, die Schwierigkeit in der Durchführung besteht jedoch in der korrekten Schultergürtelkontrolle, da die Neigung besteht, die Schultern hochzuziehen oder nach vorn hängen zu lassen. Sie sollten bei der Armbewegung nach oben bewußt die Schulterblätter nach hinten/unten ziehen. Diese etwas höhere Anspannung ist dabei erforderlich, um den Schultergürtel in seiner wirbelsäulengünstigen mittleren Position zu halten.

Abschließend wiederholt der Gruppenleiter die Merksätze 4 bis 6, die auch beim Wischen beachtet werden sollen.

3. Förderung der Lebensqualität II

Feedback: Angenehmes Erleben im Alltag

20

Die Teilnehmer berichten über Situationen und Tätigkeiten, die sie in der vergangenen Woche als angenehm erlebt haben. Wichtig ist auch hier wieder die Aufmerksamkeitszentrierung auf angenehmes Erleben, die der Leiter durch entsprechendes Nachfragen unterstützt, so daß das jeweilige Erlebnis des Teilnehmers möglichst plastisch im Gruppengespräch auflebt.

»Acht Regeln des Genießens«

20

Der Leiter bittet die Teilnehmer dann, einmal darüber nachzudenken, durch welche äußeren und inneren Bedingungen angenehmes Erleben im Alltag unterstützt werden kann. Einzelne Punkte, die von den Teilnehmern genannt werden (z.B. sich Zeit nehmen) sollten für alle sichtbar notiert werden. Abschließend faßt der Leiter anhand der **Folie 20** zu Abbildung 5.2 »Genuß – eine gute Medizin« die wesentlichen Aussagen zusammen und stellt mit deren Hilfe wichtige Genußregeln auf (in Anlehnung an Lutz u. Koppenhöfer 1983).

Genieße bewußt!
Wer viele Dinge gleichzeitig tut, wird dabei kaum genießen können. Wollen Sie Genuß erleben, dann müssen Sie die anderen Tätigkeiten ausschalten und sich ganz auf diesen besinnen. Genuß setzt damit die Fähigkeit voraus, seine Aufmerksamkeit gezielt lenken zu können, wie wir das etwa bei der Entspannung schon trainiert haben.

Überlasse deinen Genuß nicht allein dem Zufall!
Eine Redensart besagt, daß man die Feste feiern soll, wie sie fallen. Das Zufällige, Spontane, Unerwartete bringt häufig einen ganz besonderen Genuß. Es erscheint uns jedoch nicht günstig, den Genuß allein dem Zufall zu überlassen. Im Alltag wird es oft nötig sein, Genuß zu planen, das heißt die Zeit dafür ein-

Abb. 5.2

zuteilen, die entsprechenden Vorbereitungen zu treffen, Verabredungen zu vereinbaren und so weiter.

Nimm dir Zeit zum Genießen!
Das klingt banal, ist aber eine ganz wichtige Voraussetzung für das Genießen. Genuß geht nicht unter Zeitdruck. Wer genießen will, muß sich dafür gezielt Zeit nehmen und es in seinen Tagesablauf einplanen.

Gönne dir Genuß!
Viele Menschen haben Hemmungen und schämen sich, wenn sie sich selbst etwas Gutes tun wollen. Vielleicht weil sie in ihrer Kindheit entsprechende Verbote von ihren Eltern bekommen haben, können sie sich heute selbst einen Genuß nicht erlauben. Hier kommt es darauf an, sich über unnötig gewordene Genußverbote klarzuwerden und diese fallenzulassen.

Schule deine Sinne für Genuß!
Darüber haben wir schon gesprochen. Genießen setzt eine fein differenzierte Sinneswahrnehmung voraus, die sich durch Erfahrung gebildet hat. Beim Genießen kommt es auf das Wahrnehmen von Nuancen an. Es gilt hier, die eigenen Sinne zu schärfen.

Genieße lieber wenig, dafür richtig!
Ein populäres Mißverständnis über Genießen ist, daß derjenige mehr genießt, der mehr konsumiert. Für den Genuß ist jedoch nicht die Menge, sondern die Qualität entscheidend. Ein Zuviel wirkt auf die Dauer sättigend und langweilig. Wir plädieren deshalb dafür, sich zu beschränken, nicht aus Geiz oder aus falscher Bescheidenheit, sondern um sich das jeweils Beste gönnen zu können.

Genieße die kleinen Dinge des Alltags!
Genuß ist nicht immer zwangsläufig etwas ganz Außerordentliches. Vielmehr gilt es, Genuß im normalen Alltag zu finden – in kleinen Begebenheiten und alltäglichen Verrichtungen.

Genieße auf deine Art!
Das weiß auch der Volksmund: Was dem einen sin Uhl, ist dem anderen sin Nachtigall. Genuß bedeutet für jeden etwas anderes. Hier kommt es darauf an, herauszufinden, was einem guttut und – genau so wichtig – was einem nicht gut tut und was einem wann guttut.

»Ich nehme mir etwas Schönes vor« – Angenehme Aktivitäten planen

Der nun folgende Schritt geht über die bloße Wahrnehmung von angenehmen und schönen Dingen im Moment ihres Auftretens hinaus. Es geht darum, aktiv und gezielt für mehr angenehme Erlebnisse im Alltag selbst zu sorgen. Hierzu gibt der Gruppenleiter folgende Einführung:

Eine Möglichkeit für mehr Genuß besteht darin, sich ganz gezielt konkrete angenehme Aktivitäten vorzunehmen. Das können zum Beispiel Tätigkeiten sein, die Sie früher zwar gern, aber jetzt schon lange nicht mehr gemacht haben. Oder Dinge, die Sie schon immer gern einmal machen wollten, aber bisher immer verschoben haben. Bitte überlegen Sie jetzt einmal, welche angenehmen Aktivitäten Sie in der kommenden Woche durchführen möchten. Überlegen Sie, wann und wo Sie dieser Aktivität nachgehen möchten, und auch, ob und wenn ja, mit wem Sie die Tätigkeit gemeinsam machen möchten (vielleicht auch mit einem anderen Gruppenmitglied).

Der Gruppenleiter bittet jeden Teilnehmer, zu diesen Fragen Stellung zu nehmen. Wichtig ist dabei eine möglichst konkrete, realistische und verbindliche Planung.

Anschließend werden – um die Verbindlichkeit zu erhöhen – die geplanten Aktivitäten in das Arbeitsblatt 5.3 »Ich nehme mir etwas Schönes vor« (Abb. 5.3) eingetragen. Das Arbeitsblatt wird zuvor vom Gruppenleiter an alle Teilnehmer verteilt. Die Teilnehmer haben die Aufgabe, diesen Plan umzusetzen. In der nächsten Gruppensitzung wird über die Erfahrungen gesprochen.

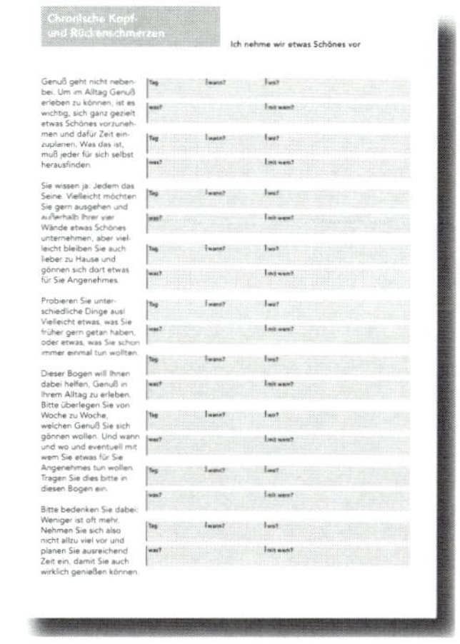

Abb. 5.3

4. Aktiver Bewegungsausgleich

Der Gruppenleiter fordert die Teilnehmer auf, nach dieser längeren Zeit des Sitzens wieder den aktiven Bewegungsausgleich durchzuführen, also etwas zu tun, was ihnen spontan einfällt, um sich zu bewegen.

5. Durchführen einer Entspannungsübung (Kurzform)

Anhand der folgenden Fragen läßt der Gruppenleiter über die Erfahrungen bei den häuslichen Übungen berichten:

- *Welche Erfahrungen haben Sie mit der Übung der Kurzform gemacht?*
- *Welches Ruhewort haben Sie sich gewählt?*
- *Haben Sie die Übung auch bereits außerhalb Ihres gewohnten Übungsortes und der gewohnten Übungszeit durchgeführt?*

Der Leiter weist auf die Bedeutung der Übungen ohne CD hin und ermuntert die Teilnehmer dazu, ihre Entspannungsfähigkeit jetzt verstärkt auch in unterschiedlichsten Situationen zu trainieren.

Es wird noch einmal der Einsatz des individuellen Ruheworts erprobt. Der Leiter beschränkt sich auf die einleitenden Instruktionen zur Einstimmung auf die Entspannung und gibt dann lediglich die vier Muskelgruppen an, die die Teilnehmer dann selbständig entspannen sollen. Die Haltung sollte wiederum durch die gerollten Handtücher unterstützt werden.

6. Hausaufgaben

- Entspannung üben (Kurzform mit Ruhewort: auch ohne CD),
- Planen und Durchführen angenehmer Aktivitäten,
- Gehen und Wischen in natürlicher Aufrechthaltung üben,
- weiterhin aktiven Bewegungsausgleich praktizieren,
- Schmerztagebuch II führen.

6. Sitzung
Imagination und Phantasiereise

Materialien:

Gruppenleiter
- Entspannungstext (Kurzform)
- Anwesenheitsliste
- Overhead-Folien 21 – 24

Teilnehmer
- Patientenbuch: Arbeitsblatt »Merksätze« Arbeitsblatt »Etwas Schönes vornehmen«
- zwei Handtücher

Praxis
- evtl. CD-Spieler
- Overhead-Projektor
- Leinwand

Ziele der Sitzung:

→ Die Teilnehmer lernen, rückengerecht zu heben und zu tragen.
→ Sie lernen rückengerechtes Fegen und Staubsaugen.
→ Sie setzen in ihrem Alltag genußvolle Aktivitäten bewußt zur Steigerung ihrer Lebensqualität ein.
→ Sie lernen, die Entspannungsreaktion auch kurzfristig in alltäglichen Situationen einzusetzen.
→ Sie erproben die aktive Schmerzkontrolle durch imaginative Übungen.

Überblick über die Sitzung:

1. Begrüßung
2. Rückenschule V: Heben und Tragen, Alltagsbewegungen
3. Förderung der Lebensqualität III
   Rückmeldung über angenehme Aktivitäten der vergangenen Woche und Planung neuer angenehmer Aktivitäten für die nächste Woche
4. Entspannung: Einführung in die »Ampelübung«
5. Aktiver Bewegungsausgleich
6. Phantasiereise I
7. Hausaufgaben

1. Begrüßung

Zu Beginn der Gruppensitzung begrüßt der Leiter die Teilnehmer, erkundigt sich nach fehlenden Mitgliedern und gibt einen kurzen Überblick über die Themen der jeweiligen Gruppensitzung.

2. Rückenschule V

Der Gruppenleiter gibt jedem Teilnehmer die Gelegenheit, sich zur Berücksichtigung der korrekten Aufrechthaltung bei Alltagsbewegungen in der vergangenen Woche zu äußern. Er kann dabei anhand der folgenden Fragen vorgehen:

- *Sind Ihnen Ihre Alltagsbewegungen öfter bewußt geworden?*
- *War es Ihnen möglich, diese rückenschonend durchzuführen?*
- *Haben Sie noch Fragen zum rückenfreundlichen Bücken?*
- *Konnten Sie die erlernten Bewegungen bereits im Alltag einsetzen?*
- *Bei welchen Tätigkeiten fällt es Ihnen schwer, die natürliche Aufrechthaltung einzunehmen oder beizubehalten?*

Falls Teilnehmer Schwierigkeiten bei der Umsetzung des Gelernten hatten, sollte besprochen werden, ob Möglichkeiten gesehen werden, die Schwierigkeiten aus dem Weg zu räumen. Beispielsweise können die erlebten oder befürchteten Reaktionen von Verwandten oder Kollegen zur Sprache kommen, oder das Gefühl, arrogant zu wirken, oder das Gefühl, das sich in dieser Haltung deutlicher abzeichnende Gesäß könne provokant wirken. Der Gruppenleiter kann dazu erklären, daß Körperhaltung von den Mitmenschen oft auch – ob zu Recht oder zu Unrecht – als ein Ausdruck der Person angesehen wird. Sie kann tatsächlich anderen Menschen Signale vermitteln. Deren Interpretation hängt jedoch von kulturellen und gesellschaftlichen Gepflogenheiten ab und muß nicht mit dem übereinstimmen, was die betreffende Person beabsichtigt oder unbeabsichtigt tatsächlich ausdrücken möchte. Der Gruppenleiter sollte die Teilnehmer ermutigen, bei ablehnenden oder ironischen Reaktionen von Verwandten oder Kollegen diesen zu erklären, welchen Sinn die neu erarbeitete Haltung hat, und daß die Haltungsgewohnheiten der meisten Menschen schädlich für ihre Wirbelsäule und den ganzen Körper sind.

Heben und Tragen

Wie in der vorangegangenen Sitzung bereits angesprochen, wird das Bücken oft für das Aufheben und Ablegen von Gegenständen gebraucht. Je größer und schwerer ein Gegenstand ist, desto wichtiger wird die rückenschonende Ausführung dieser Bewegung, da durch das Gewicht des Gegenstandes und die da-

durch erforderliche höhere Muskelspannung die Belastung der Wirbelsäule zusätzlich um ein Vielfaches höher sein kann.

Beim Tragen sollte ein Gegenstand so nahe wie möglich am Körper gehalten werden. Wenn möglich sind die Arme dabei gestreckt, die Schulterblätter werden wieder in Richtung zum Kreuzbein zurückgespannt. Der Rumpf bleibt aufgerichtet, das Becken soll nicht nach vorn geschoben werden.

Günstig ist es außerdem, das Gewicht gleichmäßig verteilt in beiden Händen seitlich am Körper zu tragen.

Eventuell kann man einen Rucksack benutzen, zum Beispiel zum Transport von Einkäufen. Dieser sollte jedoch dann mit beiden Schulterriemen auf den Rücken geschnallt und nicht einseitig getragen werden.

- *Führen Sie gleich die Ihnen bereits vertraute rückenfreundliche Form der Bückbewegung aus und heben Sie den Stuhl hoch. Stellen Sie sich breitbeinig davor, so daß sich Knie- und Hüftgelenke noch ungehindert seitlich beugen können;*
- *bücken Sie sich nun, bis Ihre Hände den Stuhl anfassen können;*
- *spannen Sie die Schulterblätter in Richtung zum Kreuzbein.*
- *Beim Aufrichten wird der Stuhl nah am Körper gehalten, die Ellbogen bleiben gestreckt; die Bewegung beginnt, indem das Brustbein nach vorn/oben geführt wird.*

Wenn das entsprechende Thema angesprochen wird, legt der Gruppenleiter jeweils die Folien zu der Abbildung 6.1: »Heben in natürlicher Aufrechthaltung« (**Folie 21**); Abbildung 6.2: »Aufheben eines leichten Gegenstandes« (**Folie 22**); Abbildung 6.3: »Aufheben eines schweren Gegenstandes« (**Folie 23**) auf.

Abschließend wird darauf hingewiesen, daß auch beim Heben und Tragen die Merksätze 4, 5, und 6 beachtet werden sollen:

Merksatz 4:
Nehmen Sie bei allen Bewegungen im Alltag die natürliche Aufrechthaltung ein!

Merksatz 5:
Bewegen Sie Ihren Rumpf immer innerhalb des Bewegungssektors!

Merksatz 6:
Bücken Sie sich mit gespreizten Beinen und gebeugten Knien!

Darüber hinaus wird der Merksatz 7 eingeführt:

Merksatz 7:
Heben und tragen Sie Lasten nah am Körper!

Abb. 6.1

Abb. 6.2

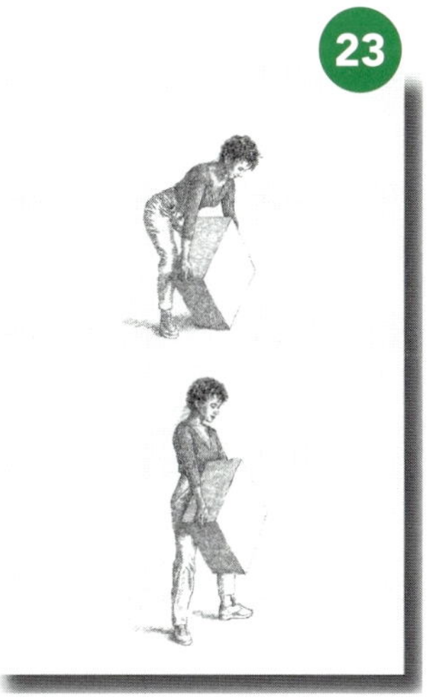

Abb. 6.3

Das Arbeitsblatt 6.4 mit den Merksätzen wird im Patientenhandbuch betrachtet (Abb. 6.4).

Chronische Kopf- und Rückenschmerzen

Merksätze

1 Grundlage für Ihre natürliche Aufrechthaltung ist eine Beckenkippung!

2 Richten Sie Ihren Brustkorb immer nach vorn oben auf!

3 Spannen Sie Ihre Schulterblätter bei jeder Armbewegung in Richtung Kreuzbein!

4 Nehmen Sie bei allen Bewegungen im Alltag die natürliche Aufrechthaltung ein!

5 Bewegen Sie Ihren Rumpf immer innerhalb des Bewegungssektors!

6 Bücken Sie sich mit gespreizten Beinen und gebeugten Knien!

7 Heben und tragen Sie Lasten nah am Körper!

Abb. 6.4

24

Staubsaugen und Fegen

Abb. 6.5

Unter Hinweis auf Abbildung 6.5 »Staubsaugen und Fegen« (**Folie 24**) fährt der Gruppenleiter fort:

Das Staubsaugen und das Fegen sind Tätigkeiten, bei denen eine leichte Bückbewegung mit einer Fortbewegung kombiniert ist.

Die Korrekturschritte für die Bückbewegung haben Sie nun bereits einige Male geübt und vorhin in der Rückmeldungsrunde ebenfalls noch einige Male durchgeführt.

Fassen Sie nun bitte Ihren Stuhl mit beiden Händen an der Lehne und kippen Sie ihn auf seine hinteren beiden Beine zurück. Dies soll nun für die folgende Übung Ihr »Staubsauger« sein. Achten Sie bitte beim Bücken auf die natürliche Aufrechthaltung des Rumpfs. »Saugen« Sie jetzt bitte. Beim Vorschieben des Stuhls beachten Sie bitte die Schulteranspannung nach hinten/unten. Machen Sie lieber rechtzeitig einen Schritt, um den Staubsauger nicht zu weit wegschieben zu müssen, beachten Sie den Bewegungssektor.

Die gleiche Bewegungsabfolge wird beim Fegen, Schneeschippen, beim Rechen im Garten, beim Bohnern und so weiter benötigt.

Der Gruppenleiter weist darauf hin, daß die bereits gelernten **Merksätze 4 bis 6** auch beim Staubsaugen und Fegen beachtet werden sollen.

3. Förderung der Lebensqualität III

Der Gruppenleiter richtet folgende Fragen an die Teilnehmer:

- *Welche angenehmen Aktivitäten haben Sie sich für die vergangene Woche vorgenommen?*
- *Haben Sie sie tatsächlich ausgeführt? Wenn nicht, was hat Sie gehindert?*
- *Wenn ja, haben Sie dabei genießen können?*
- *Was hat Ihnen gutgetan?*
- *Was hat Sie gestört?*
- *Was wollen Sie in Zukunft vermeiden?*

Das Gespräch dient der gegenseitigen Anregung und Unterstützung der Teilnehmer.

Vorschläge zu gemeinsamen Aktivitäten sollten vom Leiter unterstützt werden. Bei der Reflexion der Erfahrungen sollte der Leiter – wenn möglich – auf die zuvor erarbeiteten »Genußregeln« zurückkommen, beinhalten diese doch wichtige Hinweise für die Planung und Durchführung von angenehmen Aktivitäten (Zeit schaffen, sich nicht zuviel auf einmal vornehmen, sich auch bisher Verbotenes erlauben, das auswählen, was für einen persönlich das Angenehmste ist, nicht unbedingt etwas ganz Außergewöhnliches planen, sondern mehr noch Alltägliches genußvoll gestalten, wie das morgendliche Frühstück, den Weg vom und zum Arbeitsplatz etc.). Abschließend legt jeder Teilnehmer fest, was er in der nächsten Woche zum Ausgleich unternehmen möchte und trägt dies in das zuvor ausgehändigte Arbeitsblatt »Ich nehme mir etwas Schönes vor« (Abb. 6.6) ein.

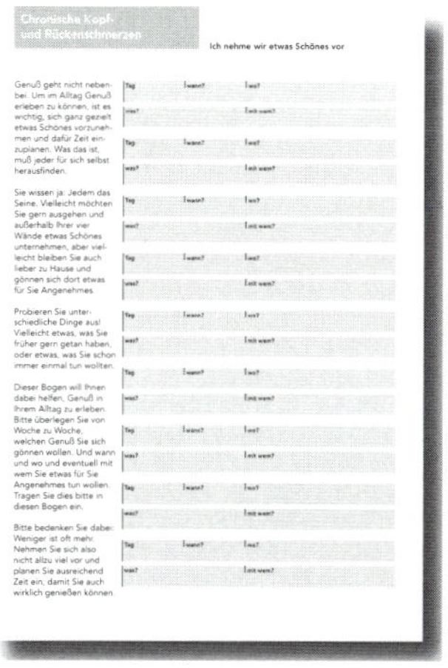

Abb. 6.6

4. Entspannung: Einführung der Ampelübung

Der Gruppenleiter regt einen kurzen Erfahrungsaustausch der Teilnehmer über die regelmäßig durchgeführten Entspannungsübungen an. Insbesondere bittet er die Teilnehmer um Rückmeldung, inwieweit es ihnen bereits gelungen ist, sich autogen, also ohne die CD zu entspannen.

Zur kurzfristigen zwischenzeitlichen Entspannung in verschiedensten Alltagssituationen dient die sogenannte Ampelübung. Sie bezieht ihren Namen aus einer paradigmatischen Situation, in der sie angewendet werden kann:

Man ist in Eile mit dem Auto unterwegs. Die Ampel springt auf Rot. Anstatt nun ungeduldig mit dem Gaspedal zu spielen, kann die erzwungene Pause für eine »Ampelübung zur Entspannung« genutzt werden. Es werden dabei nun nicht mehr einzelne Muskeln oder Muskelgruppen angesprochen, sondern gleich der ganze Körper. Der Gruppenleiter demonstriert zunächst das gleichzeitige Anspannen aller Muskelgruppen im Sitzen und läßt die Teilnehmer dann in dieser Weise anspannen und anschließend entspannen. Er begleitet die Entspannungsphase mit den Formeln, die auch bei den bisherigen Übungen verwandt wurden. In einem nächsten Schritt entfällt auch noch die initiale Anspannung der Muskeln. Die Teilnehmer vergegenwärtigen sich lediglich unter Benutzung ihres individuellen Ruheworts, das an die Ausatmung gekoppelt ist, bei geöffneten Augen, aber nach innen gerichtetem Blick Entspannungsgefühle in ihrem Körper.

Die **Entspannung durch Vergegenwärtigung** hat vielfältige Anwendungsmöglichkeiten: zum Beispiel in Gesprächen mit anderen, beim Fernsehen und bei alltäglichen Verrichtungen kann sie dazu dienen, den Spannungszustand der Muskulatur zu überprüfen und überflüssige Spannungen zu lösen. Dadurch kann der Schmerzentstehung frühzeitig entgegengewirkt werden. Hierzu sollten im Kurs vielfältige Anregungen gegeben werden. Sie kann auch im Stehen durchgeführt werden, etwa in einer Warteschlange vor der Kaufhauskasse oder an der Bushaltestelle. Auch stehend sollte die Entspannung im Kurs praktisch geübt werden.

Nachfolgend sollte der Gruppenleiter verschiedentlich »Ampelübungen« einstreuen. Dies kann etwa mit folgenden Worten geschehen:

Bitte halten Sie nun einmal einen Moment inne und richten Sie Ihren Blick nach innen. Versuchen Sie sich zu entspannen. Wenn Sie möchten, spannen Sie kurz alle Muskeln an und lassen dann los. Atmen Sie aus, und sprechen Sie Ihr Ruhewort dabei. Versuchen Sie, alle Muskeln ganz locker zu lassen.

Ein bis zwei Minuten

Ballen Sie nun Ihre Hände zu Fäusten, atmen Sie durch und richten Sie Ihre Aufmerksamkeit wieder nach außen.

Anschließend wird das unterbrochene Gruppengespräch fortgesetzt.

Für die Übungen außerhalb der Kursstunden werden die Teilnehmer aufgefordert, vier bis fünf Gegenstände zu benennen, mit denen sie täglich, aber nicht allzu oft, in Berührung kommen. Diese Gegenstände sollen sie mit einem roten Signalpunkt, vergleichbar dem roten Ampellicht, versehen, der sie daran erinnern soll, ihre Muskelspannung zu überprüfen und sich kurz zu entspannen. Die Signalpunkte sind in Schreibwarengeschäften als Aufkleber erhältlich.

5. Aktiver Bewegungsausgleich

Der Gruppenleiter fordert die Teilnehmer auf, ihren aktiven Bewegungsausgleich durchzuführen.

6. Phantasiereise I

Mit den folgenden Erläuterungen leitet der Gruppenleiter über zur Übung »Phantasiereise Baum«:

Die Möglichkeiten der äußeren Ablenkung von Schmerzen sowie deren Wirkungsweise sind Ihnen nun bekannt. Äußere Ablenkung ist oft aber an Bedingungen gebunden, die nicht unmittelbar verfügbar sind. Ein spannendes Buch muß greifbar sein, ein guter Film im Fernsehen gesendet werden, jemand, mit dem man sprechen möchte, müßte die Zeit dazu haben und so weiter. Häufig sind solche Bedingungen gerade dann nicht verfügbar, wenn sie am meisten gebraucht werden, zum Beispiel wenn man nachts nicht einschlafen kann vor Schmerzen. Hier kann es helfen, sich durch Vorstellungsgebilde »innerlich« abzulenken. Durch Konzentration auf solche Imaginationen und auf die Phantasie kann der Schmerz allmählich in den Hintergrund treten. Es ist allerdings nicht möglich, sich angespannt willentlich »mit aller Gewalt« von den Schmerzen zu distanzieren, sondern nur, indem die Vorstellungen, die sogenannten Imaginationen, genießend erlebt werden. Zusätzlich bietet sich hierdurch die Möglichkeit, die Entspannung angenehmer und abwechslungsreicher zu gestalten und zu vertiefen. Für viele Teilnehmer ist dies die angenehmste, schönste Übung. In der Tat ist es wichtig, sie als angenehm zu empfinden und Spaß daran zu haben; eher unangenehme Erlebnisse deuten darauf hin, daß etwas falsch gemacht wurde.

Dies ist die erste Übung, in der die Kräfte der Phantasie genutzt werden, um Ihnen bei Schmerzen zu helfen. Damit sie Ihnen leichter fällt, haben wir bis jetzt unter anderem so ausführlich die Entspannung geübt.

Wir werden mit einer Entspannungsübung beginnen, der Kurzform der Muskelentspannung. Wenn Sie entspannt sind, werde ich Sie bitten, sich einen Baum vorzustellen, irgendeinen Baum, und Sie werden dann diesen Baum durch die Jahreszeiten begleiten. Fangen wir nun einfach mit der Übung an und sprechen danach ausführlich über die Erfahrungen, die Sie damit gemacht haben.

Durchführung der Übung

Jeder nimmt die Sitzhaltung zur Entspannung ein. Sie soll durch die Handtücher unterstützt werden, da die Übung gut 20 Minuten dauert.

Die Einführung in die Entspannung findet über die bereits bekannte *Kurzform* statt. Die Instruktion kann ruhig etwas schneller vorgesprochen werden als sonst. Dann wird folgende Instruktion gegeben:

Schauen Sie auf Ihren Atem, ohne ihn zu verändern …
Schauen Sie einfach nur zu, wie Sie ein- und ausatmen, ohne etwas dafür zu tun …
Dies geht ganz von alleine, dieses ein- und ausatmen …
Schauen Sie einfach nur Ihrem Atem zu …
Betonen Sie nun das Ausatmen, geben Sie mit jedem Ausatmen noch etwas von Ihrer Anspannung ab, so daß Sie mit jedem Ausatmen noch etwas tiefer in die Entspannung kommen …
Mit jedem Ausatmen gehen Sie tiefer in die Entspannung, immer weiter, … immer tiefer, … soweit, wie Sie mögen, wie es für Sie angenehm ist, nur soweit …

Stellen Sie sich nun einen Baum vor, … irgendeinen Baum, der gerade in Ihrer Vorstellung erscheint …
Sehen Sie sich diesen Baum an …
Was ist dies für ein Baum? …
Wie sieht er aus? …
Wie groß ist er? …
In welcher Umgebung steht er? …
Schauen Sie sich die Umgebung näher an …
Was sehen Sie dort alles? …
Schauen Sie wieder den Baum an …
Seine Äste, … die Blätter, … die Rinde …
Nehmen Sie den Stamm wahr … die Rinde …
Stellen Sie sich die Wurzeln vor, … wie weit sie in die Erde ragen … sich immer mehr verzweigen.
Spüren Sie den Halt, den sie dem Baum geben …
Wie er mit ihnen fest in der Erde verwurzelt ist …
Stellen Sie sich vor, wie der Baum mit diesen Wurzeln das Wasser aus dem Boden aufnimmt und es in eine Nährflüssigkeit umwandelt …
Spüren Sie die Kraft, die durch die Nährflüssigkeit im Baum aufsteigt …
Wie sie durch die Wurzeln fließt … durch den Stamm …
durch die Äste … bis hin zu den Blättern …

Stellen Sie sich nun vor, es ist Frühjahr, …
Erleben Sie den Frühling, wie der letzte Schnee schmilzt … die Knospen sprießen … die Sonne etwas wärmer wird … das Leben um den Baum herum erwacht … Nehmen Sie die Vögel wahr … Die Frühlingslandschaft … Stellen Sie sich den Baum im Frühling vor, seinen Stamm, … die Äste, … die frischen Blätter, … Die neuen taufrischen Blüten, … ihre Farben, ihren Geruch, …
Verabschieden Sie sich nun vom Frühling.

Gehen Sie nun weiter durch die Jahreszeit und stellen Sie sich den Sommer vor … die Wärme wird größer, die Sonne steht hoch am Horizont …
Es ist ein heißer Sonnentag, schauen Sie sich um …

Wie sieht die Landschaft um den Baum herum aus? …
Wie ist das Wetter? … Wie sieht der Himmel aus? …
Wie sieht der Baum aus? …
Stellen Sie sich den Baum im Sommer vor, seinen Stamm, … die Äste, … die Blätter …
Ist es vielleicht ein Obstbaum, der Früchte trägt? …
Verabschieden Sie sich langsam vom Sommer …

Stellen Sie sich den Herbst vor …
Es wird langsam etwas kälter …
Es gibt heftige Winde … die die Blätter durchwehen, die den Baum seine festen Wurzeln spüren lassen, die ihm sicheren Halt geben …
Die Blätter fangen an zu welken, sie werden langsam gelb und dann braun …
Der Wind weht vereinzelt Blätter ab … schaut wie sie vom Baum herunterfallen …
Wie sie rings um den Baum herumliegen … Wie sieht dieser Baum aus? …
Sein Stamm, … die Äste, … die Blätter, …
Wie ist das Wetter? … Schauen Sie sich die Landschaft um den Baum herum an …
Verabschieden Sie sich nun langsam vom Herbst …

Stellen Sie sich nun den Winter vor …
Den Schnee, … die Kälte … den Baum im Winter …
Seinen Stamm, … die Rinde, … die Äste, …
Den kalten Wind, … den Schnee, … das Eis …
Sehen Sie zum Himmel, wie sieht er aus? …
Wie ist die Landschaft um den Baum herum? …
Verabschieden Sie sich nun langsam vom Winter …

Kommen Sie jetzt langsam zum Ende …
Spüren Sie Ihren Atem …
Atmen Sie einige Male tief ein …
Nehmen Sie den Raum in Ihrer Vorstellung wahr …
Lassen Sie die Augen noch weiter geschlossen und bewegen Sie sich …
Strecken Sie die Beine … Strecken Sie die Arme …
Rekeln und strecken Sie sich …
Kommen Sie jetzt hier in den Raum zurück und öffnen Sie langsam die Augen.«

Nach der Übung soll den Teilnehmern etwas Zeit gelassen werden, um zurückzufinden. Dann folgt eine Gesprächsrunde.

Runde nach der Phantasiereise

In dieser Gesprächsrunde geht es um folgende Fragen:

- Hat die Übung gefallen?
- Wie fühlen sich die Teilnehmer?
- Konnten sie sich die Bilder gut vorstellen?
- Können die einzelnen diese Übung für sich akzeptieren?

Es sollte über die erlebten Bilder berichtet werden, ohne aber die Berichte zu erzwingen. Was hierzu gesagt wird, bleibt in der Entscheidung eines jeden einzelnen. Imaginationen bleiben als persönliche Erlebnisse Privatsache. Im Gespräch sollte deutlich werden, daß alle Gruppenmitglieder bildhafte Phantasien haben, daß auch Tagträume etwas Normales sind. Oft berichten Teilnehmer, daß sie früher häufiger als heute in Bildern dachten und in Phantasien lebten, daß sie es aber im Laufe der Zeit verlernten. Manchmal sind sie auch froh, darüber sprechen zu können. Daß Personen sich gar keine inneren Bilder vorstellen können, ist selten (nur etwa jeder zehnte). Aber auch diese Personen können meist mit ihren Gedanken bei der Phantasiereise bleiben und sich entspannen.

In der Gesprächsrunde kann auch angesprochen werden, daß Vorstellungen, Phantasien oder Imaginationen in unserer Gesellschaft keinen hohen Stellenwert haben. Auch von einigen Gruppenteilnehmern kann die Übung als komisch, »spinnert« oder befremdlich angesehen werden. Dies hat verschiedene Gründe:

- Sich mit der eigenen Person zu beschäftigen, ist vielen Personen unangenehm, macht vielleicht sogar angst.
- Fernsehen und Kino haben die eigene Phantasie abgestumpft.
- Imaginationen werden mit Halluzinationen psychisch Kranker verwechselt und als unnormales Verhalten angesehen.
- Tagträume sind eher peinlich.

Es sollte deutlich werden, daß Vorstellungen zu den normalen psychischen Prozessen wie auch Fühlen und Denken gehören. Mit einer positiven Formulierung könnte man sagen: Bilder sind die Sprache der Gefühle. Sie haben allerdings in einer der Rationalität verschriebenen Gesellschaft keinen hohen Stellenwert. Dennoch bereichern sie die Erlebnisfähigkeit.

Der Gruppenleiter verweist auf das Kapitel »Phantasie und Imagination« im Patientenhandbuch. Die Teilnehmer werden gebeten, ihre Schmerztagebücher zur letzten Sitzung mitzubringen, um gegebenenfalls auch anhand ihrer Aufzeichnungen auf die gemeinsame Arbeit zurückblicken zu können.

7. Hausaufgaben

- etwas Positives für sich tun,
- täglich Kurzform der Entspannung mit Ruhewort ohne CD durchführen,
- mehrmals täglich »Ampelübung« durchführen,
- Heben und Tragen, Fegen und Staubsaugen in natürlicher Aufrechthaltung üben,
- weiterhin aktiven Bewegungsausgleich praktizieren,
- Schmerztagebuch II führen.

7. Sitzung
Der goldene Spruch

Materialien:

Gruppenleiter
- Entspannungstext (Kurzform)
- Anwesenheitsliste
- Overhead-Folie 25

Teilnehmer
- Patientenbuch: Arbeitsblatt »Gedankenlawine« Arbeitsblatt »Was mir bei Schmerzen durch den Kopf geht« Arbeitsblatt »Positiv denken trotz Schmerz« Arbeitsblatt »Goldener Spruch« Arbeitsblatt »Was ich aus der Gruppe mitnehme«
- Schmerztagebücher

Praxis
- Overhead-Projektor
- Leinwand

Ziele der Sitzung:

→ Die Teilnehmer erkennen den Einfluß von Gedanken auf das Schmerzerleben.
→ Sie üben die bandscheibenfreundliche Ausführung von Alltagsbewegungen ein.
→ Sie lernen, mit eigenen Imaginationen und Phantasiereisen zu experimentieren und Spaß daran zu empfinden.
→ Sie planen ihre eigenen Wege für die zukünftige Bewältigung der Schmerzen.

Übersicht über die Sitzung:

1. Begrüßung
2. Durchführen einer »Ampelübung«
3. Gedanken und Schmerzen
4. Rückenschule VI: Spülen und Waschen
5. Phantasiereise II
6. Aktiver Bewegungsausgleich
7. Abschlußgespräch: »Was ich aus der Gruppe mitnehme«
8. Durchführen einer »Ampelübung«
9. Hausaufgaben

1. Begrüßung

Zu Beginn der Gruppensitzung begrüßt der Leiter die anwesenden Teilnehmer, erkundigt sich nach fehlenden Mitgliedern und gibt einen kurzen Überblick über die Themen der jeweiligen Gruppensitzung.

2. Durchführen einer »Ampelübung«

10

Der Gruppenleiter regt einen kurzen Erfahrungsaustausch der Teilnehmer an über die regelmäßig durchgeführten längeren Entspannungsübungen, anschließend insbesondere zur Ampelübung:

Welche Erfahrungen haben Sie inzwischen mit der Ampelübung gemacht?

Daraufhin wird die Ampelübung durchgeführt:

Bitte halten Sie nun einmal einen Moment inne und richten Sie Ihren Blick nach innen. Versuchen Sie, sich zu entspannen. Wenn Sie möchten, spannen Sie kurz alle Muskeln an und lassen dann los. Atmen Sie aus, und sprechen Sie Ihr Ruhewort dabei. Versuchen Sie, alle Muskeln ganz locker zu lassen.

Ein bis zwei Minuten

Ballen Sie nun Ihre Hände zu Fäusten, atmen Sie durch und richten Sie Ihre Aufmerksamkeit wieder nach außen.

3. Gedanken und Schmerzen

30

Die Teilnehmer werden darüber informiert, daß Gedanken, die durch den Schmerz ausgelöst werden oder ihn begleiten, einen Einfluß auf das Schmerzerleben nehmen können.

Schmerzen sind keine reinen Sinnesempfindungen, sondern immer mit Gefühlen und Gedanken verbunden, die Einfluß nehmen auf das Schmerzerleben. Wir haben bereits erfahren, daß eine Konzentration auf andere Dinge als den Schmerz dazu beiträgt, das Schmerzerleben in den Hintergrund treten zu lassen. Wenn wir uns auf den Schmerz konzentrieren, wenn wir uns zudem noch Selbstvorwürfe machen, oder wenn wir traurigen Gedanken nachhängen, empfinden wir den Schmerz zunehmend stärker. Solche negativen, schmerzverstärkenden Gedanken sind zum Beispiel:

- *Egal was ich auch tue, meine Schmerzen werden doch immer schlimmer.*
- *Diese Schmerzen halte ich nicht mehr aus.*
- *Ich bin ein hoffnungsloser Fall. Mit mir wird es nie besser.*
- *Die Schmerzen machen mich so fertig, daß ich am liebsten Schluß machen würde.*

Häufig sind solche Gedanken wie Lawinen, die sich aus eigener Kraft fortentwickeln und uns immer mehr erdrücken.

Der Gruppenleiter weist auf das Arbeitsblatt »Gedankenlawine« (Abb. 7.1) im Patientenhandbuch hin und spricht es mit den Teilnehmern durch.

Solche Gedankenlawinen oder Gedankenketten sind zum einen Ausdruck unseres Schmerzes, zum anderen wirken sie aber auch auf den Schmerz zurück. Auf dem folgenden Bogen ist zusammengestellt, welche negativen Gedanken sich bei Patienten mit chronischen Schmerzen häufig finden. Bitte kreuzen Sie einmal an, ob Sie diese Gedanken aus eigenem Erleben kennen.

Der Gruppenleiter händigt das Arbeitsblatt »Was mir bei Schmerzen durch den Kopf geht« (Abb. 7.2) aus und gibt den Teilnehmern Gelegenheit, diesen Bogen auszufüllen. Die Teilnehmer sprechen eigene negative Gedanken im anschließenden Gespräch an und berichten darüber, wie sich diese Gedanken auf ihr Befinden und ihr Schmerzerleben auswirken.

Der Gruppenleiter berichtet darüber, daß es möglich ist, auf Gedanken, insbesondere auf solche, die lawinenartig negative Konsequenzen nach sich ziehen, bewußt Einfluß zu nehmen. In diesem Zusammenhang händigt der Gruppenleiter das Arbeitsblatt »Positiv denken trotz Schmerz« (Abb. 7.3) aus, auf dem positive Kognitionen aufgeführt sind. Die Teilnehmer werden aufgefordert, sich von den aufgeführten positiven Gedanken einen »goldenen Spruch« auszuwählen und auf dem Blatt deutlich anzukreuzen. Sie sollen diesen Spruch bewußt in Zukunft einsetzen, um negativen Gedanken in Schmerzsituationen ein Gegengewicht entgegenzusetzen. Ihren persönlichen goldenen Spruch sollen sie in das Arbeitsblatt »Goldener Spruch« (Abb. 7.4) eintragen, das ihnen vom Gruppenleiter ausgehändigt wird. Zu Hause sollen sie das Arbeitsblatt mit dem Spruch an einer Stelle anbringen, die deutlich sichtbar ist und sie an ihren Vorsatz erinnert, ihren Schmerz auch auf gedanklicher Ebene zu kontrollieren.

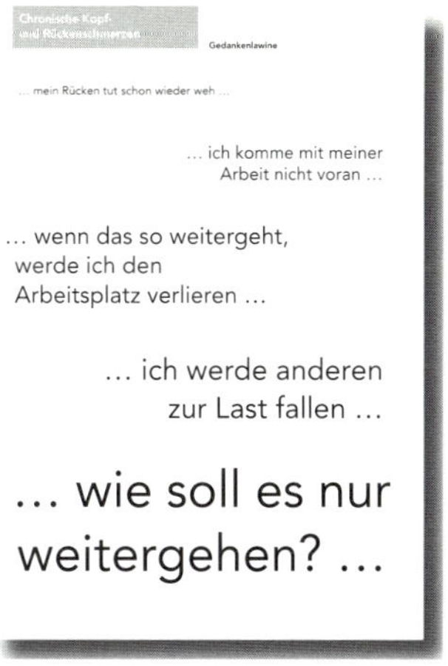
Chronische Kopf- und Rückenschmerzen

Gedankenlawine

... mein Rücken tut schon wieder weh ...

... ich komme mit meiner Arbeit nicht voran ...

... wenn das so weitergeht, werde ich den Arbeitsplatz verlieren ...

... ich werde anderen zur Last fallen ...

... wie soll es nur weitergehen? ...

Abb. 7.1

Chronische Kopf- und Rückenschmerzen

Was mir bei Schmerzen durch den Kopf geht

Viele Schmerzkranke berichten von Gedanken, die sich bei Schmerzen einstellen. Geben Sie bitte im folgenden an, inwieweit Sie solche Aussagen bei sich kennen.

Wählen Sie bitte eine der beiden möglichen Antworten:

- ja ☐ nein ☐ Bei Schmerzen sage ich mir, du mußt die Situation unter Kontrolle halten ...
- ja ☐ nein ☐ ... bedauere ich mich selbst ...
- ja ☐ nein ☐ ... sorge ich mich um meine Familie ...
- ja ☐ nein ☐ ... fühle ich mich hilflos ...
- ja ☐ nein ☐ ... fürchte ich, daß sich meine Schmerzen verschlimmern ...
- ja ☐ nein ☐ ... möchte ich niemanden damit belasten, indem ich sage, wie schlimm meine Schmerzen sind ...
- ja ☐ nein ☐ ... mache ich mir Sorgen um meine Zukunft ...
- ja ☐ nein ☐ ... fühle ich mich ängstlich ...
- ja ☐ nein ☐ ... denke ich: »Warum muß gerade ich diese Schmerzen haben?« ...
- ja ☐ nein ☐ ... frage ich mich, ob man jemals ein Mittel gegen meine Schmerzen finden wird ...
- ja ☐ nein ☐ ... bin ich enttäuscht darüber, daß ich mich vom Schmerz unterkriegen lasse ...
- ja ☐ nein ☐ ... denke ich: »Dieser Schmerz macht mich noch verrückt!« ...
- ja ☐ nein ☐ ... fühle ich mich gereizt ...
- ja ☐ nein ☐ ... denke ich, die Leute sollten mehr Rücksicht auf mich nehmen ...
- ja ☐ nein ☐ ... verliere ich allen gegenüber schnell die Geduld ...
- ja ☐ nein ☐ ... werde ich wütend ...
- ja ☐ nein ☐ ... habe ich das Gefühl, daß mir jeder auf die Nerven geht ...
- ja ☐ nein ☐ ... frage ich mich, ob das Leben überhaupt noch lebenswert ist.

Abb. 7.2

Chronische Kopf- und Rückenschmerzen

Positiv denken trotz Schmerz

Ist auch Ihr goldener Spruch dabei?

- Ich lasse mich nicht unterkriegen.
- Ich bin nicht meine Schmerzen.
- Es geht schon vorrüber.
- Ich mache jetzt etwas Angenehmes.
- Ich bin stärker als der Schmerz, er kriegt mich nicht unter.
- Einfach nicht drum kümmern und weitermachen.
- Nur keine Panik, die macht alles nur noch schlimmer.
- Ich gönne mir einfach etwas Schönes.
- Ruhe bewahren.
- Andere schaffen es auch.
- Grübeln und Verzweifeln bringt nichts.
- Ich weiß, es muß weitergehen.
- Es gibt Schlimmeres.
- Ich sage den anderen: Heute geht es mir nicht so gut.
- Heute lasse ich mal fünf gerade sein.
- Ich bin nicht nur Schmerzen.
- Die Zeiten, in denen ich mich vom Schmerz habe verrückt machen lassen, sind vorbei.
- Schmerzen sind ganz gleichgültig.
- Schmerzen sind nur eine Herausforderung an mich.
- Es gibt noch schlimmere Dinge als meine Schmerzen.
- Ich mache einfach weiter.
- Ich lasse mich nicht von den Schmerzen beherrschen.
- Andere, denen es viel schlechter geht, können auch damit leben.
- Tief durchatmen und ruhig bleiben.
- Schmerzen bringen mich nicht um.
- Jetzt gehe ich an die frische Luft.
- Ich mache einen Spaziergang.
- Nur nicht den Kopf hängenlassen.
- Für andere etwas tun, das lenkt ab.
- Ich will die Schmerzen »in den Griff bekommen«.
- Kopf hoch – ich schaffe es.
- Die Sonne scheint bald wieder.
- Nicht aufgeben, auf den Beinen bleiben.
- Ich bin zufrieden und ganz ruhig.
- Wenn ich ruhig bleibe und mich entspanne, geht es besser.
- Ich kann gegen meine Schmerzen selbst etwas tun.
- Reiß dich zusammen, es wird schon wieder gehen.
- Ich muß mich jetzt entspannen.
- Es wird bald wieder besser werden.
- Ich schaffe das schon.
- Ablenkung hilft am besten.
- Ich kann es aushalten.
- Andere sind noch schlechter dran.

Abb. 7.3

Chronische Kopf- und Rückenschmerzen

Goldener Spruch

Mein goldener Spruch lautet:

Abb. 7.4

4. Rückenschule VI

Der Gruppenleiter gibt jedem Teilnehmer die Möglichkeit, sich zu den folgenden Fragen zu äußern:

- *Konnten Sie die erlernten Bewegungsabfolgen in der vergangenen Woche im Alltag einsetzen?*
- *Bei welchen Tätigkeiten fiel es Ihnen schwer, die natürliche Aufrechthaltung einzunehmen oder beizubehalten?*
- *Welche Korrekturschritte sind es im besonderen, die Ihnen noch Schwierigkeiten bereiten?*
- *Bitte stellen Sie sich vor, daß Sie einen Gartenrechen in der Hand halten und ein Beet rechen wollen. Ich möchte gern sehen, ob Sie diesen Bewegungsablauf in Verbindung mit der natürlichen Aufrechthaltung ausführen können.*

Waschen und Spülen

Für viele Menschen sind die Spül- und Waschbecken zu tief angebracht. Man muß sich dann zum Waschen und Spülen hinunterbücken. Wahrscheinlich wird es Ihnen nicht sehr schwerfallen, die bereits gelernte Bückbewegung auch auf das Waschen am Waschbecken zu übertragen: Der Rumpf behält die natürliche Aufrechthaltung bei, Hüft- und Kniegelenke werden gebeugt und die Schulterblätter, insbesondere bei Bewegungen der Arme, nach hinten/unten gezogen.

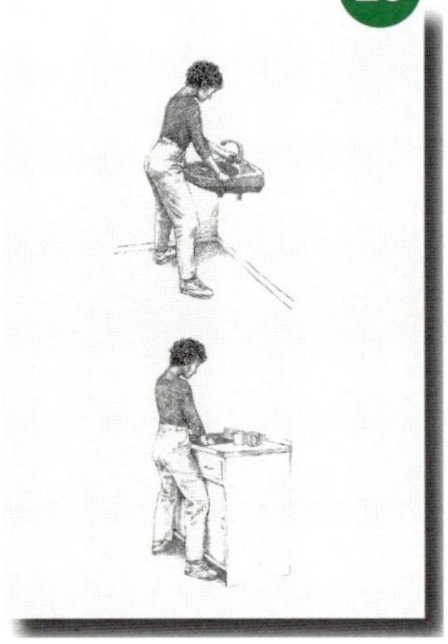

Abb. 7.5

Der Gruppenleiter legt die **Folie 25** zu Abbildung 7.5 »Waschen und Spülen« auf.

Versuchen Sie sich nun vorzustellen, daß Sie vor einem Waschbecken stehen und sich die Hände waschen wollen; die Seife liegt vielleicht rechts am Beckenrand, das Handtuch hängt links neben dem Waschbecken an der Wand. Beachten Sie wieder den Bewegungssektor!

Vor einer Spüle ist die Beinbewegung durch den Unterbau meist nicht so leicht möglich. Stellen Sie dort die Beine etwas breiter auf und beugen Sie leicht die Knie, so daß die Kniescheiben wieder nach außen zeigen. Stellen Sie sich dabei ganz dicht an die Spüle, damit Sie die Knie anlehnen können. Achten Sie bitte darauf, daß die Füße direkt unter den Knien stehen, da sonst Fehlbelastungen in den Fußgelenken auftreten. Aus dieser Position brauchen Sie den Rumpf nun nicht mehr so weit abzusenken, um die Hände in das Spülbecken tauchen zu können.

Der Gruppenleiter weist darauf hin, daß beim Spülen und Waschen die Merksätze 4 bis 6 besonders beachtet werden sollen.

Partnerübung: wechselseitige Kontrolle des Erlernten
Die Teilnehmer bilden Paare und führen sich gegenseitig die in der Rückenschule erlernten Bewegungen vor.

5. Phantasiereise II

Rückmeldung

Die Teilnehmer berichten, wie oft sie die Phantasiereisen durchgeführt haben, wie es ihnen damit ging und welche Probleme dabei auftraten.

Berichten Teilnehmer von Veränderungen der Schmerzen während der Phantasiereisen, so bittet der Leiter sie, diese Erfahrungen näher zu beschreiben, da hierdurch die Motivation der anderen Gruppenmitglieder zur Durchführung dieser Übung gesteigert werden kann.

Sinn der Übungen sollte es sein, vorhandene Schmerzen für eine Weile in den Hintergrund treten zu lassen. Die Teilnehmer können, wenn sie müde sind, auch darüber einschlafen oder aber eine innere Distanzierung von den quälenden Schmerzen erfahren. Im Regelfall werden die Schmerzen nicht ausgelöscht sein und sich nach der Übung wieder in das Erleben drängen. Die Teilnehmer haben dann allerdings Zeit gewonnen, um sich zu erholen und sich von den Schmerzen vorübergehend zu lösen. Bei starken Schmerzen gelingt dies allerdings oft nicht.

»Ort der Ruhe und Entspannung«

Vor Beginn der Entspannung leitet der Gruppenleiter die Teilnehmer zunächst dazu an, sich einen persönlichen Ort der Ruhe und Entspannung vorzustellen. Er kann dies wie folgt tun:

Für die nun folgende Entspannungsübung soll jeder von Ihnen seinen persönlichen Ort der Ruhe und Entspannung finden. Ein Ort der Ruhe und Entspannung kann für den einen zum Beispiel ein Liegestuhl im Garten sein, für den anderen ein einsamer Strand oder auch die heiße Dusche. Wählen Sie sich einen Ort aus Ihrer Phantasie oder aus der Erinnerung aus, der Ihnen am besten für Ruhe und Entspannung geeignet scheint.

Nach einer Entspannungsinduktion wird der nachfolgende Text verwendet:

Nun stellen Sie sich Ihren Ort der Ruhe vor, an dem Sie sich wohlfühlen, an dem Sie sich entspannen können …
Achten Sie auf die Besonderheiten dieses Ortes, …
auf die Geräusche, …
die Gerüche, …

die Farben, die Sie umgeben …

Nehmen Sie die Bilder, die in Ihnen aufsteigen, einfach auf und schauen Sie sich an diesem Ihrem Ort der Ruhe und der Entspannung um …

Nehmen Sie von seiner Ruhe, … von seiner Kraft, … von seiner Energie so viel wie möglich auf.

Dies ist Ihr Ort der Ruhe und Entspannung, an dem Ängste und Sorgen zurücktreten können, kleiner werden können, vielleicht auch sich auflösen können …

Und Sie können neue Kraft, Ruhe, Lebensenergie und Zuversicht aufnehmen …

Genießen Sie diesen Ort der Ruhe und Entspannung …

Die Teilnehmer tauschen ihre Erfahrungen mit dieser Übung aus:

- *Habe ich einen Ort der Ruhe gefunden?*
- *Was ist das für ein Ort?*

6. Aktiver Bewegungsausgleich

Der Gruppenleiter fordert die Teilnehmer auf, ihren aktiven Bewegungsausgleich durchzuführen.

7. Abschlußgespräch

Zum Abschluß der Gruppenarbeit sollen die Inhalte der vergangenen Gruppensitzungen noch einmal zusammengefaßt werden. Der Leiter läßt dazu das Arbeitsblatt »Was ich aus der Gruppe mitnehme« (Abb. 7.6) aufschlagen und geht dies gemeinsam mit den Teilnehmern durch. Die verschiedenen Möglichkeiten der Schmerzvorbeugung und -bewältigung werden so noch einmal in Erinnerung gerufen. Im Anschluß daran soll jeder Teilnehmer sich in einer abschließenden Runde dazu äußern, welche Wege zur Schmerzbewältigung er in Zukunft weitergehen will.

Wir stehen jetzt am Ende der Gruppenarbeit. Was nehmen Sie aus dieser Gruppe für Ihren Alltag mit, das Ihnen den Umgang mit den Schmerzen erleichtern kann? Worauf wollen Sie in Zukunft besonders achten? Was wollen Sie noch verbessern, woran wollen Sie in der nächsten Zeit arbeiten, um die Schmerzen selbst noch besser in den Griff zu bekommen?

Chronische Kopf- und Rückenschmerzen

Was ich aus der Gruppe mitnehme

Im folgenden sind die wichtigsten Punkte noch einmal zusammengefaßt:

Das Trainingsprogramm in der Gruppe war nur ein Anfang.

Um Ihre Schmerzen dauerhaft zu verringern, kommt es jetzt darauf an, daß Sie die in der Gruppe aufgezeigten Möglichkeiten der aktiven Schmerzbewältigung in Ihrem Alltag weiterhin einsetzen.

Durch Übung und Erfahrung können Sie Ihre Fähigkeit, die Schmerzen selbst aktiv in den Griff zu bekommen, mehr und mehr verbessern.

1 Ich nehme mir täglich 20 Minuten Zeit zur Muskelentspannung, wie ich es in der Gruppe gelernt habe.

2 Ich achte im Alltag auf eine aktive Aufrechthaltung und führe alltägliche Bewegungen wirbelsäulenfreundlich durch.

3 Ich achte darauf, daß sich die Anspannung im Lauf des Tages nicht beständig aufschaukelt. Ich setze im Alltag gezielt Erholungspausen und Kurzentspannung (»Ampelübung«) ein.

4 Um einseitige Beanspruchungen meiner Muskeln auszugleichen, führe ich regelmäßig einen aktiven Bewegungsausgleich durch.

5 Ich nehme mir öfter etwas Schönes vor, das heißt, ich mache regelmäßig etwas, was mir Spaß macht und was mich entspannt.

6 Bei den ersten Anzeichen beginnender Schmerzen entspanne ich mich. Ich achte auf meine Gedanken gegenüber den Schmerzen. Ich unterbreche negative Gedanken und beruhige und ermutige mich, zum Beispiel mit Hilfe meines »goldenen Spruchs«. Ich lenke meine Aufmerksamkeit auf ein angenehmes Vorstellungsbild und gönne mir etwas Schönes.

7 Wenn ich allein nicht weiterkomme, nehme ich wieder Kontakt zu einem Mitglied aus der Gruppe auf. Wir werden gemeinsam Wege überlegen, die ich gehen kann.

Abb. 7.6

Diese abschließende Runde dient einer Bestandsaufnahme des bisher Erreichten, dazu können auch die Schmerztagebucheintragungen der Patienten herangezogen werden. Es geht zudem um einen Ausblick auf die nähere Zukunft. Damit ist die Gruppenarbeit zu Ende. Sofern die Teilnehmer den Wunsch äußern, sich weiterhin zu treffen, sollte der Leiter dies – wenn möglich – organisatorisch unterstützen. Falls noch Zeit ist, kann noch eine gemeinsame Entspannungsübung durchgeführt werden.

Der Leiter sollte die Teilnehmer unbedingt auf die Wichtigkeit der weiteren aktiven Beteiligung hinweisen.

Sie werden von dem Programm nur profitieren, wenn Sie das Wissen, das Sie während der Gruppenarbeit erworben haben, auch aktiv einsetzen. Sie sollten im alltäglichen Leben die aktive Aufrechthaltung sowie die rückenschonenden Bewegungen einsetzen und sich zur festen Gewohnheit machen. Genauso wichtig ist es, mit der Durchführung der Entspannungsübungen fortzufahren, um somit beginnenden Verspannungen entgegenzuwirken und vorzubeugen.

Es erfolgt ein Hinweis auf weiterführende aktive Behandlungen, die in der Region angeboten werden:

- psychologische Schmerzbewältigungskurse,
- Rückenschulen,
- Krankengymnastik.

Der Gruppenleiter bittet die Patienten, auch nach Abschluß der Gruppenarbeit das Schmerztagebuch III 14 Tage lang weiterzuführen, um den Teilnehmern die Möglichkeit zu geben, die Auswirkungen des Programms auf ihr Befinden auch ohne Gruppenarbeit zu kontrollieren. Zur Qualitätssicherung des eigenen Vorgehens kann der Therapeut mit den Teilnehmern vereinbaren, daß sie ihm ihre Aufzeichnungen nach Abschluß des Schmerztagebuchs III zur Verfügung stellen.

8. Durchführen einer »Ampelübung«

Bitte halten Sie nun einmal einen Moment inne und richten Sie Ihren Blick nach innen. Versuchen Sie sich zu entspannen. Wenn Sie möchten, spannen Sie kurz alle Muskeln an und lassen dann los. Atmen Sie aus, und sprechen Sie Ihr Ruhewort dabei. Versuchen Sie, alle Muskeln ganz locker zu lassen.

Ein bis zwei Minuten

Ballen Sie nun Ihre Hände zu Fäusten, atmen Sie durch und richten Sie Ihre Aufmerksamkeit wieder nach außen.

9. Hausaufgaben

- Schmerztagebuch III führen,
- Entspannung üben,
- etwas Positives für sich tun,
- Umsetzen der bandscheibenschonenden Ausführung von Alltagsbewegungen.

Wir hoffen, daß Ihnen die Gruppenarbeit mit den Schmerzpatienten auch persönlich Freude und Gewinn gebracht hat und wünschen Ihnen für Ihre weiteren Gruppen alles Gute!

Teilnahmevereinbarung

zwischen

Teilnehmer

Gruppenleiter

Ich nehme an der Gruppenbehandlung gegen chronische Schmerzen teil und bin darüber informiert, daß der Erfolg der Behandlung wesentlich von meiner aktiven und regelmäßigen Mitarbeit abhängt.

Zur Sicherung des Behandlungserfolgs verpflichte ich mich, die folgenden Regeln einzuhalten:

- Ich werde zu allen Gruppensitzungen pünktlich erscheinen, weil zu spät Kommende die Gruppenarbeit empfindlich stören.
- Während der gesamten Dauer der Gruppenbehandlung werde ich ein Schmerztagebuch führen.
- Häusliche Übungen werde ich nach bestem Bemühen regelmäßig durchführen.
- Für den Fall, daß ich doch einmal nicht an einer Gruppensitzung teilnehmen kann, werde ich ein anderes Gruppenmitglied benachrichtigen. Dieses wird mich dann über den Inhalt der versäumten Gruppensitzung informieren.
- Im Interesse einer offenen und vertrauensvollen Zusammenarbeit werde ich die Schweigepflicht gegenüber Außenstehenden strikt einhalten. Die Schweigepflicht bezieht sich auf alle persönlichen, familiären und beruflichen Informationen über andere Gruppenmitglieder.

Ort, Datum

Unterschrift

Unterschrift

Anwesenheitsliste

	Name	Sitzung 1	2	3	4	5	6	7
1								
2								
3								
4								
5								
6								
7								
8								
9								
10								

Telefonliste der Gruppenteilnehmer

	Name	Adresse	Telefon	zu erreichen von – bis –
1				
2				
3				
4				
5				
6				
7				
8				
9				
10				

Schmerzbewältigungsstrategien:

Was anderen Patienten bei Schmerzen hilft

Patient 1:

- Stadtbummel: Einkaufen, ins Café gehen
- Menschen beobachten
- Gespräche mit anderen Menschen
- Lesen von Frauenzeitschriften

bei starken Schmerzen:
Arztbesuch,
Tabletten einnehmen
und ins Bett legen

Patient 2:

- Entspannungsübungen
- Arbeiten im Garten
- kalte Umschläge machen
- Stricken, Häkeln
- warm duschen
- sich mit Salben einreiben
- Akkupunktur
- Büro- und Gartenarbeit
- Wickel und Packungen
- Gymnastik

bei starken Schmerzen:
Heublumenbad nehmen,
Arbeiten am Telefon (Kunden mahnen, die Rückstände haben),
Autofahren,
Spazierengehen

Patient 3:

- leichte Bewegungen
- Musikhören
- Spazieren-Rennen
- Phantasievorstellungen von früheren Reisen, an Hand von Erinnerungsgegenständen, die auf dem Schrank stehen
- Wärme, Eis
- Schwimmen, Nähen
- viel Tee trinken

bei starken Schmerzen:
Tabletten, Zäpfchen,
Spritzen und Laufen

Patient 4:

- Arbeit
- Näharbeit
- Gymnastik und Bewegung
- Schwimmen
- Café
- Strümpfe stricken

bei starken Schmerzen:
leichtere Arbeiten, liegengebliebene Telefongespräche führen, laut üben für Chor,
eventuell hinlegen,
zum Chor gehen

Patient 5:

- Musik hören
- Backen und Kochen
- Lesen
- Telefongespräche
- heißes Bad

bei starken Schmerzen:
zum Arzt gehen,
mit dem Hund spazierengehen (regelmäßig)

Was mir bei Schmerzen hilft

Wenn ich Schmerzen hatte, so hat mir bisher geholfen:

1. Bei leichten Schmerzen

2. Bei starken Schmerzen

Was ich an neuen Möglichkeiten ausprobieren werde:

1. Bei leichten Schmerzen

2. Bei starken Schmerzen

Meine großen und kleinen Freuden im Alltag

Bitte achten Sie in den kommenden Tagen einmal ganz bewußt auf schöne Dinge in Ihrem Alltag. Darauf, was Ihnen Freude macht, was Sie als angenehm empfinden und genießen können.

Das können besondere Ereignisse sein, wie etwa der Besuch guter Freunde oder zum Beispiel ein Theaterbesuch. Wichtiger aber noch sind die ganz alltäglichen kleinen Freuden, wie zum Beispiel das angenehme Gefühl auf der Haut nach der morgendlichen Dusche oder ein schöner Sonnenuntergang, den Sie beobachtet haben, oder der angenehme Geruch von frisch gemahlenem Kaffee.

Bitte nehmen Sie sich jeden Tag ein paar Minuten Zeit – am besten nach Ihrer täglichen Entspannungsübung –, um sich zu vergegenwärtigen, was Sie an diesem Tag als angenehm erlebt haben. Machen Sie sich dazu auf diesem Bogen einige Notizen.

Tag	Heute war angenehm …

Ich nehme wir etwas Schönes vor

Genuß geht nicht nebenbei. Um im Alltag Genuß erleben zu können, ist es wichtig, sich ganz gezielt etwas Schönes vorzunehmen und dafür Zeit einzuplanen. Was das ist, muß jeder für sich selbst herausfinden.

Sie wissen ja: Jedem das Seine. Vielleicht möchten Sie gern ausgehen und außerhalb Ihrer vier Wände etwas Schönes unternehmen, aber vielleicht bleiben Sie auch lieber zu Hause und gönnen sich dort etwas für Sie Angenehmes.

Probieren Sie unterschiedliche Dinge aus! Vielleicht etwas, was Sie früher gern getan haben, oder etwas, was Sie schon immer einmal tun wollten.

Dieser Bogen will Ihnen dabei helfen, Genuß in Ihrem Alltag zu erleben. Bitte überlegen Sie von Woche zu Woche, welchen Genuß Sie sich gönnen wollen. Und wann und wo und eventuell mit wem Sie etwas für Sie Angenehmes tun wollen. Tragen Sie dies bitte in diesen Bogen ein.

Bitte bedenken Sie dabei: Weniger ist oft mehr. Nehmen Sie sich also nicht allzu viel vor und planen Sie ausreichend Zeit ein, damit Sie auch wirklich genießen können.

Tag	wann?	wo?
was?		mit wem?

Tag	wann?	wo?
was?		mit wem?

Tag	wann?	wo?
was?		mit wem?

Tag	wann?	wo?
was?		mit wem?

Tag	wann?	wo?
was?		mit wem?

Tag	wann?	wo?
was?		mit wem?

Tag	wann?	wo?
was?		mit wem?

Tag	wann?	wo?
was?		mit wem?

Tag	wann?	wo?
was?		mit wem?

1 Grundlage für Ihre natürliche Aufrechthaltung ist eine Beckenkippung!

2 Richten Sie Ihren Brustkorb immer nach vorn oben auf!

3 Spannen Sie Ihre Schulterblätter bei jeder Armbewegung in Richtung Kreuzbein!

4 Nehmen Sie bei allen Bewegungen im Alltag die natürliche Aufrechthaltung ein!

5 Bewegen Sie Ihren Rumpf immer innerhalb des Bewegungssektors!

6 Bücken Sie sich mit gespreizten Beinen und gebeugten Knien!

7 Heben und tragen Sie Lasten nah am Körper!

Gedankenlawine

… mein Rücken tut schon wieder weh …

… ich komme mit meiner Arbeit nicht voran …

… wenn das so weitergeht, werde ich den Arbeitsplatz verlieren …

… ich werde anderen zur Last fallen …

… wie soll es nur weitergehen? …

Was mir bei Schmerzen durch den Kopf geht

Viele Schmerzkranke berichten von Gedanken, die sich bei Schmerzen einstellen. Geben Sie bitte im folgenden an, inwieweit Sie solche Aussagen bei sich kennen.

Wählen Sie bitte eine der beiden möglichen Antworten:

ja ●	nein ●	Bei Schmerzen sage ich mir, du mußt die Situation unter Kontrolle halten …
ja ●	nein ●	… bedauere ich mich selbst …
ja ●	nein ●	… sorge ich mich um meine Familie …
ja ●	nein ●	… fühle ich mich hilflos …
ja ●	nein ●	… fürchte ich, daß sich meine Schmerzen verschlimmern …
ja ●	nein ●	… möchte ich niemanden damit belasten, indem ich sage, wie schlimm meine Schmerzen sind …
ja ●	nein ●	… mache ich mir Sorgen um meine Zukunft
ja ●	nein ●	… fühle ich mich ängstlich …
ja ●	nein ●	… denke ich: »Warum muß gerade ich diese Schmerzen haben?« …
ja ●	nein ●	… frage ich mich, ob man jemals ein Mittel gegen meine Schmerzen finden wird …
ja ●	nein ●	… bin ich enttäuscht darüber, daß ich mich vom Schmerz unterkriegen lasse …
ja ●	nein ●	… denke ich: »Dieser Schmerz macht mich noch verrückt!« …
ja ●	nein ●	… fühle ich mich gereizt …
ja ●	nein ●	… denke ich, die Leute sollten mehr Rücksicht auf mich nehmen …
ja ●	nein ●	… vierliere ich allen gegenüber schnell die Geduld …
ja ●	nein ●	… werde ich wütend …
ja ●	nein ●	… habe ich das Gefühl, daß mir jeder auf die Nerven geht …
ja ●	nein ●	… frage ich mich, ob das Leben überhaupt noch lebenswert ist.

Positiv denken trotz Schmerz

Ist auch Ihr goldener Spruch dabei?

- Ich lasse mich nicht unterkriegen.
- Ich bin nicht meine Schmerzen.
- Es geht schon vorrüber.
- Ich mache jetzt etwas Angenehmes.
- Ich bin stärker als der Schmerz, er kriegt mich nicht unter.
- Einfach nicht drum kümmern und weitermachen.
- Nur keine Panik, die macht alles nur noch schlimmer.
- Ich gönne mir einfach etwas Schönes.
- Ruhe bewahren.
- Andere schaffen es auch.
- Grübeln und Verzweifeln bringt nichts.
- Ich weiß, es muß weitergehen.
- Es gibt Schlimmeres.
- Ich sage den anderen: Heute geht es mir nicht so gut.
- Heute lasse ich mal fünf gerade sein.
- Ich bin nicht nur Schmerzen.
- Die Zeiten, in denen ich mich vom Schmerz habe verrückt machen lassen, sind vorbei.
- Schmerzen sind ganz gleichgültig.
- Schmerzen sind nur eine Herausforderung an mich.
- Es gibt noch schlimmere Dinge als meine Schmerzen.
- Ich mache einfach weiter.
- Ich lasse mich nicht von den Schmerzen beherrschen.
- Andere, denen es viel schlechter geht, können auch damit leben.
- Tief durchatmen und ruhig bleiben.
- Schmerzen bringen mich nicht um.
- Jetzt gehe ich an die frische Luft.
- Ich mache einen Spaziergang.
- Nur nicht den Kopf hängenlassen.
- Für andere etwas tun, das lenkt ab.
- Ich will die Schmerzen »in den Griff bekommen«.
- Kopf hoch – ich schaffe es.
- Die Sonne scheint bald wieder.
- Nicht aufgeben, auf den Beinen bleiben.
- Ich bin zufrieden und ganz ruhig.
- Wenn ich ruhig bleibe und mich entspanne, geht es besser.
- Ich kann gegen meine Schmerzen selbst etwas tun.
- Reiß dich zusammen, es wird schon wieder gehen.
- Ich muß mich jetzt entspannen.
- Es wird bald wieder besser werden.
- Ich schaffe das schon.
- Ablenkung hilft am besten.
- Ich kann es aushalten.
- Andere sind noch schlechter dran.

Mein goldener Spruch lautet:

Was ich aus der Gruppe mitnehme

Das Trainingsprogramm in der Gruppe war nur ein Anfang.

Um Ihre Schmerzen dauerhaft zu verringern, kommt es jetzt darauf an, daß Sie die in der Gruppe aufgezeigten Möglichkeiten der aktiven Schmerzbewältigung in Ihrem Alltag weiterhin einsetzen.

Durch Übung und Erfahrung können Sie Ihre Fähigkeit, die Schmerzen selbst aktiv in den Griff zu bekommen, mehr und mehr verbessern.

Im folgenden sind die wichtigsten Punkte noch einmal zusammengefaßt:

1. Ich nehme mir täglich 20 Minuten Zeit zur Muskelentspannung, wie ich es in der Gruppe gelernt habe.

2. Ich achte im Alltag auf eine aktive Aufrechthaltung und führe alltägliche Bewegungen wirbelsäulenfreundlich durch.

3. Ich achte darauf, daß sich die Anspannung im Lauf des Tages nicht beständig aufschaukelt. Ich setze im Alltag gezielt Erholungspausen und Kurzentspannung (»Ampelübung«) ein.

4. Um einseitige Beanspruchungen meiner Muskeln auszugleichen, führe ich regelmäßig einen aktiven Bewegungsausgleich durch.

5. Ich nehme mir öfter etwas Schönes vor, das heißt, ich mache regelmäßig etwas, was mir Spaß macht und was mich entspannt.

6. Bei den ersten Anzeichen beginnender Schmerzen entspanne ich mich. Ich achte auf meine Gedanken gegenüber den Schmerzen. Ich unterbreche negative Gedanken und beruhige und ermutige mich, zum Beispiel mit Hilfe meines »goldenen Spruchs«. Ich lenke meine Aufmerksamkeit auf ein angenehmes Vorstellungsbild und gönne mir etwas Schönes.

7. Wenn ich allein nicht weiterkomme, nehme ich wieder Kontakt zu einem Mitglied aus der Gruppe auf. Wir werden gemeinsam Wege überlegen, die ich gehen kann.